PETER WALDBAUER

LEXIKON

der antisemitischen Klischees

Antijüdische Vorurteile und ihre
historische Entstehung

mankau

> Deutsche Bibliothek – CIP-Einheitsaufnahme
> Ein Titeldatensatz für diese Publikation ist bei der Deutschen Bibliothek erhältlich.

Peter Waldbauer

LEXIKON
der antisemitischen Klischees

Antijüdische Vorurteile und ihre historische Entstehung

ISBN 978-3-938396-07-0

1. Auflage 2007

mankau Verlag
Postfach 13 22, 82413 Murnau a. Staffelsee
Im Netz: www.mankau-verlag.de

Gestaltung Umschlag: Johannes Wiebel, HildenDesign, München

Gestaltung Innenteil: Heike Brückner, Grafikstudio, Regensburg

Lektorat: Katharina Floßmann

Endkorrektorat: Dr. Thomas R. Wolf

Hinweis des Verlags

Das vorliegende Werk ist urheberrechtlich geschützt. Jede Verwertung außerhalb der Grenzen des Urheberrechtsgesetzes ist ohne Zustimmung des Verlags unzulässig und strafbar. Das gilt insbesondere für Vervielfältigungen und auszugsweisen Nachdruck.

Alle Informationen in diesem Buch wurden vom Autor mit größter Sorgfalt zusammengestellt und vom Verlag gewissenhaft bearbeitet und überprüft. Dennoch erfolgen alle Angaben ohne Gewähr. Für inhaltliche und sachliche Fehler übernehmen Autor und Verlag keinerlei Verantwortung und Haftung.

Der Inhalt wurde auf Recyclingpapier gedruckt, der Druck erfolgte in Deutschland.

Für André

Man hasst die Juden nicht,
weil sie es verdienen,
sondern weil sie verdienen.

Jüdisches Sprichwort

Inhalt

9   Vorwort

11   Einführung

13   **Allgemeines**

31   **Juden und Religion**

47   **Juden und Kultur**

57   **Juden im Mittelalter**

83   **Juden und Geld**

89   **Juden und Wirtschaft**

111   **Juden und Warenhäuser**

129   **Juden und Börse**

137   **Juden und Politik**

157   **Juden im Dritten Reich**

167   **Juden und die Bundesrepublik**

173   **Juden und Israel**

177   Verzeichnis aller Fragen

185   Literaturverzeichnis

193   Danksagung

Vorwort

Was ist ein Klischee?

Was ist ein Klischee und was soll dieses Buch?
Soll es beweisen, dass die Juden alle Engel sind? Nein.
Begehen Juden keine Straftaten? Doch.
Gibt es keine Juden, die skrupellose Geschäftsleute sind? Doch, auch. Nur, warum auch sollen Juden alle Engel sein?
Sind Nichtjuden alle Engel? Nein, also.
Ein Klischee bedeutet, dass die Handlungsweisen und Eigenschaften einzelner Menschen nicht ihrer individuellen Persönlichkeit zugeschrieben, sondern aus der Zugehörigkeit zu einer bestimmten Volksgruppe abgeleitet werden. Die Begründung beginnt dann mit: „Die Juden sind..." oder endet mit „... typisch Jude!"
Das ist ein Klischee.
Die Pauschalmeinung tritt an die Stelle eines Einzelfalles. Im schlimmsten Fall verursacht durch Fremdenfeindlichkeit, im günstigsten Fall resultierend aus der Bequemlichkeit des unreflektierten Nachplapperns. Beides ist gleich falsch.
Die Amerikaner sind ... oberflächlich. Die Italiener sind ... gute Liebhaber. Die Deutschen sind ... diszipliniert ... fleißig ... dick. Die Juden sind ...
Kennt jemand *die* Juden? Kennt jemand *alle* Juden? Kennen manche überhaupt *einen*? Wahrscheinlich nicht. Häufig haben sie solche Sätze von anderen gehört und übernommen. Vielleicht von den Älteren, vielleicht von den Eltern. Und diese wiederum von ihren Eltern oder Großeltern – so entsteht ein Klischee.

Einführung

„Handeln wie ein Jud'." Wer von uns hat diesen Spruch nicht schon einmal gehört? Oder: „Der ... ist Jude, der würde noch seine Großmutter verkaufen." Häufig auch: „Das jüdische Kapital bestimmt, was in der internationalen Politik geschieht." Äußerungen, über die man lachen müsste, wenn es nicht so viele Leute gäbe, die fest daran glauben. Für kein anderes Volk als das der Juden haben sich derart spezifische Klischees herausgebildet, die als festgefügte, meist negative Vorurteile überliefert und gleichzeitig so weit verbreitet sind. Über alle Ländergrenzen hinweg und durch viele Jahrhunderte hindurch. Mit bemerkenswerter Hartnäckigkeit halten sie sich in den Köpfen der Menschen, gebildeten wie ungebildeten: Juden seien geldgierige Blutsauger und Wucherer, skrupellose Charaktere und verkauften ihre Waren zu Schleuderpreisen.

Wie aber kam es zu solchen Vorurteilen? Wann und woraus sind sie entstanden? Diesen Fragen will das Buch nachgehen. Dabei zögert es nicht, mit manchen Ammenmärchen aufzuräumen.

Die Ursache dieser meist negativen Vorurteile ist fast immer Antisemitismus; teils entstanden in der jüngeren deutschen Geschichte, teils in der finsteren Zeit des Mittelalters. Ähnlich dem Phänomen der Hexenverfolgungen basieren sie auf primitivem Aberglauben, verstärkt durch die Angst der Unwissenheit und das Gefühl, unterlegen zu sein.

Die gängigsten Vorurteile der jüdischen Geschichte, speziell der Wirtschaftsgeschichte, werden in diesem Buch dokumentiert und gleichzeitig korrigiert. Dabei werden die Vorurteile und Klischees stets in Form von Fragen aufgegriffen, wie sie häufig gestellt werden oder als Meinung vielerorts kursieren. Besonderer Wert wurde darauf gelegt, die historischen Gründe und Umstände aufzuzeigen, die zum Entstehen der einzelnen Klischees geführt haben.

Allgemeines

Warum tragen viele Juden so fantasievolle Namen? Handelt es sich dabei um Pseudonyme?

Ein Blick in die Geschichte zeigt: Diese Art bunter Namen haben sich die Juden nicht etwa selbst zugelegt, sondern sie wurden ihnen in Deutschland und Österreich von den Behörden aufgezwungen.

Mit dem Toleranzpatent Kaiser Josephs II. begann 1782 die „Emanzipation" von etwa 1,5 Millionen Juden Österreichs, die traditionell im Ghetto lebten. Als „Emanzipation" bezeichnet man die zivilrechtliche Gleichstellung der Juden in einzelnen Staaten zwischen ca. 1760 und 1890. In Österreich wurden sie damals zu allen Schulen und Hochschulen zugelassen und erhielten weitgehende Gewerbefreiheit. Im Jahr 1787 befahl Josef II. in Wien allen Juden der Donaumonarchie, sich unter deutschen Namen registrieren zu lassen. 1812 wurden auch in Deutschland allgemeine Namen für Juden eingeführt. Die Wiener Verwaltungsbeamten gingen damals bei der Namensvergabe recht systematisch vor. An einem Tag teilten sie einfach Farben als neue Namen aus: Blau, Grün, Rot, Braun oder Schwarz. Anderntags nannten sie die Juden nach der Pflanzenwelt, sie hießen dann: *Rosenzweig, Rosenberg* oder *Rosenfeld*. Manche Juden bezahlten sogar dafür, möglichst vornehm klingende Namen zu erhalten. Wer arm war und sich durch Geld nicht freikaufen konnte, musste mit dummen Scherzen der Beamten rechnen. So entstanden absurd klingende Namen wie: *Taubenschlag, Bienenstock, Wagenseil, Lebkuchen, Buntschuh* oder *Gerngroß*. Das ging so weit, dass der Kaiser schließlich ein Hofdekret erließ, das diskriminierende oder spöttische Namen untersagte. Bis heute jedoch sind viele dieser grotesk-bildhaften Namen der Juden geblieben. Sie wurden vererbt, und wer auswanderte, behielt sie bei. So wurde in Amerika aus Grünberg eben *Greenberg*, aus Grünbaum machte man *Greenboom* und Silbermann wurde zu *Silverman*.

Nach der israelischen Staatsgründung machte Premierminister David Ben Gurion (ursprüngl. David Grün) den öffentlich Be-

diensteten zur Auflage, deutschklingende Namen zu hebräisieren. Weitere prominente Beispiele für Namen ...

... aus der Pflanzenwelt:

Lyman Frank Baum (amerik. Kinderbuchautor, *Der Zauberer von Oz*), Léon Blum (ehem. franz. Ministerpräsident), Michael Bloomberg (ehem. New Yorker Bürgermeister), Michael Blumenthal (ehem. amerik. Finanzminister), Alan Greenspan (ehem. amerik. Notenbankpräsident), Jitzchak Grünbaum (ehem. Innenminister Israels), Henry A. Grunwald (ehem. US-Botschafter), Salomon Korn (Vizepräsident des Zentralrates der Juden), John Kornblum (ehem. US-Botschafter), Otto Lilienthal (Flugpionier), Henry Morgenthau (amerik. Finanzminister), Hans Rosenthal (Quizmaster), Robert Tannenbaum (Begründer der Führungsstile), Lord Weidenfeld (brit. Verleger), Simon Wiesenthal („Nazijäger"), Stefan und Arnold Zweig (Schriftsteller).

Anmerkung: Rosenkranz ist dagegen kein jüdischer, sondern ein katholischer Name.

... aus der Tierwelt:

Alfed Adler (Psychoanalytiker, Schüler Sigmund Freuds), Paul Auster (amerik. Schriftsteller), Schweizer Bankhaus Julius Baer, Prof. Albert Hahn (Wirtschaftswissenschaftler), Jeffrey Katzenberg (amerik. Filmproduzent), Anton Kuh (Wiener Feuilletonist), Marianne Rindskopf (Mutter Jacques Offenbachs), Manès Sperber (Schriftsteller), Johann Strauß (Komponist), Levi Strauß (Jeanshersteller), Elie Wiesel (amerik. Friedensnobelpreis-Träger), Simon Wolf (amerik. Politikberater).

... von Gegenständen:

Familie Rothschild (Bankiers), Paul Spiegel (ehem. Vorsitzender des Zentralrates der Juden), Hans Stern (Juwelier), Edward Teller (Physiker).

... nach der Herkunft:

Rudolf Arnheim (Psychologe), Wladimir Dawidowitsch Aschkenasy (von *Aschkenas* = hebräisch für Deutschland; russischer

Pianist und Dirigent), Hauptmann Alfred Dreyfus (Dreyfus = *Treves* oder Trier; „Dreyfus-Affaire"), Felix Frankfurter (Juraprofessor, Harvard), Allan Königsberg alias Woody Allen (Regisseur), Siegfried Kracauer (Schriftsteller und Architekt), Jacques Offenbach (Komponist), Richard Oppenheimer (Physiker), Sammy Speyer (Psychoanalytiker), Steven Spielberg (amerik. Filmregisseur), Byron Wien (Wallstreet-Analyst), Jacob Worms (Kriegslieferant Ludwig XIV.).

... von Nahrungsmitteln:

Benoît Mandelbrot (franz. Mathematiker), Georg Obst (Wirtschaftswissenschaftler), Ludwig Traube (Internist), Bernard Wasserstein (Autor), Caspar Weinberger (amerik. Politiker), Emil Zuckerkandl (Wiener Anatom), Albert Zuckerman (amerik. Literaturagent).

In Anlehnung: Josef Süß (Hofjude), Marcel Reif (Sportjournalist).

... von Rohstoffen:

John Slade (*slade* = engl. für Schiefer; Wallstreet-Broker), Shimon Stein (irael. Botschafter in Berlin), Albert Einstein (Physiker), Barbara Streysand (*Streysand* = jidd. für Streusand; amerik. Schauspielerin).

... von Edelsteinen und Edelmetallen:

Jeanette Diamant (Ehefrau Theodor Herzls), Jean-Jaques Goldmann (franz. Sänger), William Goldman (amerik. Drehbuchautor), Goldman Sachs (Investmentbank), Howard Rubin (amerik. Ökonom), Arthur Rubinstein (Konzertpianist), Helena Rubinstein (Kosmetik), Alfons Silbermann (Soziologieprofessor).

In Anlehnung: Marcel Reich-Ranicki (Literaturkritiker), Gebrüder Reichmann (kanad. Immbolientycoone) Paul Ehrlich (Pharmakologe).

... nach der Bibel:

Roman Abramowitsch (Abram = Kurzform für Abraham; russ. Oligarch, Besitzer des FC Chelsea), Adamo (belg. Chansonnier),

Arthur Cohn (amerik. Filmproduzent), Daniel Cohn-Bendit (Politiker), Zino Davidoff (Zigarren-Unternehmer), Rolf Eden (Berliner Playboy), Jerry Lewis alias Josef Levitsch (amerik. Filmkomiker), Monika Lewinsky (Ex-Praktikantin Bill Clintons), Barry Lewinson (Filmregisseur), Dani Levy (schweizer. Regisseur), Otto Loewi (Nobelpreisträger für Chemie).

In Anlehnung: Raphael Seligmann (Feuilletonist).

Anmerkung: Die *Leviten* waren Mitglieder eines der zwölf Stämme Israels und hatten eine besondere Stellung innerhalb des religiösen Kultus inne. Cohn (auch Cohen, Kohn, Kahn oder Kahane) ist abgeleitet von den alten Hohepriestern Israels, den *Kohanim*, einer Untergruppe der *Leviten.*

Daneben gibt es natürlich Namen, die sich in keine der hier aufgeführten Kategorien einordnen lassen. Auch wurden viele Namen, wie überall üblich, vom Beruf abgeleitet: Ari Fleischer (amerik. Regierungssprecher).

Wurden nur die Nachnamen verändert?

Nein, es wurden auch viele Vornamen angepasst, meist in so genannte Gleichklangsnamen. Aus *Bär*, *Baruch* und *Berusch* wurde dann Bernhard oder kurz Bernd. *Isaac* und *Israel* machte man zu Isidor oder Ignaz. *Moshe*, *Moische*, *Moyse* und *Moses* hießen von nun an: Moritz, Maurice, Maury, Murray oder Mort. Josef war der neue Vorname für *Joschi* oder *Joshua*. *Leopold* hieß vorher Löw oder Löb; *Heinrich* war vorher Hersch, Herschel oder Hirsch.

Machte es den Juden nichts aus, ihre Namen zu wechseln?

Den Juden waren ihre neuen Namen gleichgültig. Das mag jene verwundern, für die der Klang ihres Namens einen Gefühlswert darstellt. Für die Juden hatten diese Namen damals keine Bedeutung, weil es nicht ihre eigenen waren, sondern aufgezwungene. Ihr wirklicher Name war der, mit dem sie am Sabbat und an Feiertagen zur *Tora* aufgerufen wurden: ihr jüdischer Vorname und der jüdische Vorname ihres Vaters. Deshalb kostete es sie keine besondere Über-

windung, einen beliebigen Familiennamen wie *Blumenthal*, *Rosenberg* oder *Tannenbaum* anzunehmen. Für sie und ihre Gemeinde war letztlich nur der Name entscheidend, den sie selbst bzw. ihr Vater bei der Beschneidung erhalten hatten.

Tragen nur jüdische Frauen den Namen Sarah?

Nein, Sarah ist ein biblischer Name, genau wie Maria und Anna. Bei einer Maria käme auch niemand auf die Idee zu fragen, ob ihre Trägerin Jüdin sei. Auf Grund der Rassengesetze im Dritten Reich führten die Nazis eine Vorschrift ein, die besagte, dass Männer den Vornamen *Israel* und Frauen den Vornamen *Sarah* im Pass führen mussten. Den Namen Sarah sah man als typisch jüdisch an. So entstand die Vorstellung, dass eine Frau mit Namen Sarah Jüdin sein muss.

In manchen Ortsnamen ist noch heute das Wort *Jude* enthalten. Wohnten in diesen Dörfern nur Juden?

Nicht nur, aber sie wurden von ihnen gegründet und deshalb nach ihnen benannt. Dörfer wie *Judenbach*, *Judendorf*, *Judenau* oder *Judenburg* gehen bis zur ersten Jahrtausendwende zurück. Viele Juden waren in dieser Zeit als Kaufleute tätig und diese Orte waren Siedlungen an den alten Handelstraßen. Sie lagen meist südlich der Donau, in Kärnten und der Steiermark, entlang den alten Römerstraßen, und waren Stützpunkte für Warentransporte von Italien nach Süddeutschland.

Erkennt man den jüdischen Geschäftsmann an seiner „Wohlstandszigarre"?

Zum Schmunzeln ist dieses Klischee schon, aber bis in die 1960er Jahre galt in Wien ernsthaft noch folgende Regel: Zigarre gleich Wohlstand, Wohlstand gleich Jude. So entstand der Begriff Judenzigarre. Eigentlich überflüssig zu erwähnen, dass Wohlstand mitsamt der entsprechenden teuren Zigarre sich überall einstellen kann, nicht nur bei Juden.

Kann man Juden an ihrem Äußeren erkennen?

An Äußerlichkeiten manchmal schon, an körperlichen Merkmalen in der Regel nicht. Jedenfalls nicht an den „Rassenmerkmalen", wie es entsprechend den antisemitischen Vorurteilen immer wieder behauptet wird. Auf den Flugblättern und Druckschriften des Mittelalters waren überwiegend orthodoxe Juden abgebildet, mit wuchernden Bärten und Ringellocken an den Schläfen. Diese waren natürlich relativ leicht zu erkennen. Auch wurden Juden von den christlichen sowie den muslimischen Gesetzgebern im Mittelalter zeitweise gezwungen, den gelben „Judenhut" (pyramidenförmig mit Kugelspitze) als Erkennungsmerkmal zu tragen. Diese merkwürdige Form eines Hutes sollte die Juden kennzeichnen und verunstalten. Außer dem gelben Hut gab es im Laufe der Geschichte weitere Erkennungsmerkmale, sowohl im Christentum als auch im Islam: während der Herrschaft der Mauren in Spanien den *gelben Gürtel*, zur Zeit der Kreuzzüge den *gelben Fleck*, später den *gelben Ring* und im Dritten Reich den *gelben Stern*. Die Kennzeichnung der Juden gegenüber der übrigen Bevölkerung hat also eine lange Tradition.

Dass die Juden ein Erkennungsmerkmal tragen mussten, ist ein Hinweis darauf, dass sie ohne besondere Kleidung oder Haartracht wohl schwer als Juden zu erkennen gewesen wären. In ihren körperlichen Merkmalen unterschieden sie sich also offensichtlich nicht wesentlich vom Rest der Bevölkerung.

Nun herrscht die weit verbreitete Ansicht, man könne Juden auch ohne äußere Kennzeichen identifizieren, allein anhand ihrer auffälligen Physiognomie. Diese Vorstellung hat der Antisemitismus für eine völlig überzogene typisierende Darstellung missbraucht.

Die Wiener Karikaturen des 19. Jahrhunderts zeigten Juden klischeehaft mit übertriebener Hakennase und wulstigen Lippen. „Jüdische Kapitalisten" wurden dargestellt als fettgefressene Wohlstandsmillionäre mit Krummnase und Ringellocken in ihrem Ringstraßenpalais.

Generell lassen sich zwei Grundtypen unterscheiden: die osteuropäischen *Aschkenasim* und die Nachfahren der aus Spanien und Portugal vertriebenen Juden, die *Sephardim*. Die hässliche Karikatur

hat in der Regel den „Aschkenasen" zum Vorbild, mit gedrungenem Körperbau, breiter Nase, großen Ohrläppchen, dicken Ober- und Unterlidern, fleischigen Lippen und dunklen, lockigen Haaren.

Der spanisch-portugiesische *Sepharde* (= hebräisch für Spanier; Verbannter), auch *Spaniole* genannt, ist dagegen schlanker und eleganter, feingliedrig, mit scharfgebogener, knochiger Nase und großen dunklen Augen. Die *Sephardim* ließen sich zunächst in Nordafrika, Kleinasien, den Balkanstaaten und Italien nieder; später dann in Spanien, Portugal und den Niederlanden. Vereinfachend lässt sich sagen: *Sephardim* = jüdisch-romanisch; *Aschkensaim* = jüdisch-deutsch (jiddisch).

Es gibt durchaus Juden, die dem „typisch jüdischen" Aussehen entsprechen. Allerdings gibt es auch Menschen, die „jüdisch" aussehen, ohne Juden zu sein oder „nordisch" und dennoch jüdischer Abstammung sind. Ein prominentes Beispiel hierfür ist der amerikanische Schauspieler Paul Newman. Dieser hat, obwohl Sohn eines jüdischen Vaters, blaue Augen.

Werden Juden besonders alt?

Manche von ihnen ja, manche nein. Allgemein kann man feststellen: Juden achten stärker als andere Völker auf ihre Gesundheit. Schon ihre Religionsgesetze mit den strengen Hygiene- und Speisevorschriften halten die Juden zu einer bewussteren Lebensweise an. Auch die Beschäftigung mit intellektuellen Themen bis ins hohe Alter hält, nach Erkenntnissen der Gerontologie, lange jung.

Sind Juden intelligenter als Nichtjuden?

Nein, aber sie haben eine lange und sehr ausgeprägte Tradition, sich intensiv mit intellektuellen Dingen zu befassen. Man nennt die Juden auch das „Volk des Buches".

Schon früh in der Geschichte wurden die Grundlagen der jüdischen Religion in der Tora und im Talmud schriftlich aufgezeichnet. Die Tora besteht aus den Fünf Büchern Mose, übersetzt bedeutet das Wort soviel wie Lehre, Unterweisung, Gesetz. Der Talmud ist das wichtigste Gesetzeswerk für das praktische Leben, wie man die

Regeln der Tora befolgen und auf verschiedene Umstände anwenden kann. Für den religiösen Juden, egal welcher Gesellschaftsschicht er angehört, ist tägliches Lernen eine Pflicht. Er liest und lernt sein Leben lang, er lernt nie aus, er studiert die Heiligen Schriften, denkt über ihren Inhalt nach und gibt seine Überlegungen weiter. Nach jüdischer Überzeugung fördert die Diskussion verschiedener Ansichten und Deutungen die religiöse Entwicklung. Ein gläubiger Jude lernt bis zu seinem Tod.

Bis heute wird die Synagoge in Osteuropa *Schul* genannt. Sie ist Gemeinde-, Bet- und Lehrhaus. Das Wort *Talmud* heißt übersetzt soviel wie Studium oder Lehre, und Lernen gehört zur Religionsausübung. Der Unterricht mit dem geschriebenen Wort beginnt für Juden schon im Kleinkindalter. In Israel lauschen bereits dreijährige Jungen orthodoxen Glaubens den Worten ihres Rabbi. Das Studium von Tora und Talmud schult hervorragend das Denkvermögen. Die hebräische Sprache ist sehr einfach und logisch aufgebaut und eignet sich besonders gut, um wissenschaftliche und philosophische Thesen zu formulieren. Die hebräische Schrift kennt keine Vokale, sondern besteht nur aus Konsonanten, die Vokale werden durch Striche oder Punkte angezeigt. Eine Buchstabenfolge kann deshalb verschiedene Bedeutungen haben. In einem Talmudtext kann man daher nicht immer sicher sagen, wo ein Satz anfängt und wo er aufhört, auch nicht, ob er behauptend, fragend oder verneinend gemeint ist. Weil schon das einfache Lesen eines Textes zur Interpretation zwingt, schärft die scharfsinnige und spitzfindige Talmuddebatte den Geist.

Auf ihrer Wanderschaft übernahmen die Juden später die Intellektualität der griechischen Philosophen, das systematisch-logische Denken eines Aristoteles und dessen analytisch-wissenschaftliche Vorgehensweise. Hinzu kam, dass den Juden in den Jahrhunderten der Diaspora nur selten vergönnt war, unbehelligt von der übrigen Bevölkerung zu leben. Ständig mussten sie mit Verfolgung und Plünderung rechnen. Wissen kann nicht gestohlen werden, und auf der Flucht ist es leichter mitzunehmen als Hab und Gut.

Diese Gründe waren ausschlaggebend für den Erfolg der Juden in vielen intellektuellen Berufen, seit sie Zugang zu den Universitäten erhielten. Die Söhne jüdischer Eltern strebten mehr als andere danach zu studieren. Arme Juden zog es etwa aus ihrem *Schtetl (jid-*

dische Bezeichnung für die Kleinstädte in Osteuropa) an die Wiener Universität. Dort schnitten sie oft besser ab als ihre christlichen Kommilitonen. Dies lag nicht daran, dass sie so viel begabter waren als die Christen, sie waren nur viel fleißiger. Im Jahr 1900 waren ein Viertel aller Studenten an der Technischen Hochschule in Wien Juden, an der Universität sogar ein Drittel. Die Intellektualität der Juden und ihre große Wertschätzung von Wissen haben also eine lange Tradition. Auch in vielen jüdischen Sprichwörtern drückt sich der geistige Anspruch aus: „Der Weise geht einher vor dem König" (Talmud) und „Ein Jude darf alles sein, bloß ein Narr darf er nicht sein!"

Aber viele Juden sind doch auch in nicht-akademischen Berufen erfolgreich?

Viele sind eben ehrgeiziger als nicht-jüdische Mitbürger. Juden war der Platz in der Gesellschaft ja nie so sicher wie den Christen.

Der bekannte Literaturkritiker Marcel Reich-Ranicki räumte ein, dass vor allem Trotz der Grund war, weshalb er in den 1930er Jahren der beste Germanistikschüler seiner Gymnasialklasse war. Wie oft bei Minderheiten, erst recht in einer feindlichen Umwelt, versucht der Außenseiter sich besonders zu beweisen, kompensieren Karriere und Erfolg die mangelnde Akzeptanz. Ebenso können Geld und Vermögen, über ihren praktischen Nutzen hinaus, eine solche Ersatzbefriedigung sein. Natürlich sind oft auch gewisse Weichenstellungen im Elterhaus ausschlaggebend. Es ist Tradition in jüdischen Familien, sehr viel Zeit, Energie und Geld in die Ausbildung und Erziehung der Kinder zu investieren.

Weshalb leben die meisten Juden in Großstädten?

Seit dem Mittelalter siedelten sich die Juden bevorzugt in den großen Handelsstädten an, in Deutschland also in Köln, Frankfurt, Mainz, Trier, Worms, Speyer, Straßburg, Würzburg, Nürnberg, Regensburg, Augsburg und Wien.

Traditionell gab es auch große jüdische Gemeinden in Hamburg und Berlin. Als Händler hatten sie ein natürliches Interesse, sich

an den Knotenpunkten der Handelströme niederzulassen. Erst im 15. Jahrhundert, als sie durch die Pestprogrome aus den deutschen Reichsstädten vertrieben wurden, entstand das Landjudentum (vgl.: Juden im Mittelalter – Weshalb sind so viele Juden im Handel?, und: Haben die Juden die Pestepidemien verursacht?). Das Betreten der Städte war den Juden von nun an verboten. Nur wenn sie Leibzölle entrichteten oder Schutzbriefe kauften, durften sie bestimmte Gebietsgrenzen überschreiten oder einzelne Städte betreten. Völlig arme Juden, so genannte Betteljuden, wurden in den großen Städten überhaupt nicht geduldet. Ab dem 16. Jahrhundert lebte die Mehrzahl der Juden in Deutschland arm auf dem Land.

Dort verhinderte jedoch eine strenge Siedlungspolitik, dass größere Gemeinden entstanden. Der Großteil der Juden lebte breit verstreut in Kleinstädten und Dörfern. Mancher protestantische Landesfürst ermöglichte ihnen, sich gegen Zahlung einer „Judensteuer" in bestimmten Dörfern anzusiedeln. Bis ins 17. und 18. Jahrhundert lebten etwa neunzig Prozent der deutschen Juden auf dem Land, ohne selbst Grund und Boden besitzen zu dürfen. Im Zuge der „Emanzipation" (vgl.: Allgemeines – Warum tragen viele Juden so fantasievolle Namen?) zogen ab dem 18. Jahrhundert die meisten Juden schon vor der Industrialisierung wieder in die Städte. Um das Jahr 1900 lebte in Deutschland über die Hälfte der jüdischen Bevölkerung in Großstädten mit über fünfzigtausend Einwohnern. In Berlin machte sie fünf Prozent aus. Besonders in der Weimarer Republik zogen viele Juden in die Reichshauptstadt Berlin, weshalb seit damals die Städte in den Augen der Antisemiten generell als „verjudet" galten. Dabei war Berlin die nächste größere Stadt für die aus dem Osten, besonders aus Polen einwandernden Juden. Schon damals lockte das Geschäftsleben der Großstädte mehr als ein beschauliches Dasein auf dem Land, das ja nur für bäuerliche Berufe in Frage kam.

Sind Juden Nomaden?

Antisemiten haben mit absurden Theorien zu beweisen versucht, dass den Juden, als Wüsten- und Wandervolk, jeder Sinn abhanden gekommen sei für das „Vaterland", für die „Anhänglichkeit an die

Scholle", ja für die Natur insgesamt. Da die Juden nirgends Wurzeln schlagen würden, drücke ihre angebliche Wanderfreude exzessive Rastlosigkeit aus, vergleichbar mit dem Abgrasen von Weideflächen.

Die wahren Ursachen sind indes viel trivialer, denn der häufige Wohnortwechsel der Juden hatte ganz praktische Gründe. Ihre Wanderungen fanden nicht freiwillig statt, sondern weil sie unter Lebensgefahr verfolgt wurden: von der *Babylonischen Gefangenschaft*, über die Massenflucht vor den Pogromen in Russland, bis zur Einwanderung in die USA als Folge des Nationalsozialismus. So waren die Juden, bis zur Gründung des Staates Israel, zum Nomadenleben *gezwungen*.

Wenn man – über obige Argumente hinaus – den Juden Wurzellosigkeit vorwarf, so meinte man in Wirklichkeit die „Wurzellosigkeit des Großstadtmenschen" (vgl.: Allgemeines – Weshalb leben die meisten Juden in Großstädten?). Es liegt nun einmal im Wesen der Großstadt, dass man dort weniger wachsenden Dingen begegnet, als viel mehr gemachten. Die Verwurzelung mit Natur und Boden erstrebenswert zu finden, entspringt vor allem einer bäuerlichen Vorstellung. In der Begriffswelt des Bauern existiert das Wort Umzug nicht; er stirbt dort, wo er geboren wurde.

Auch das Geld ist letztlich eine städtische Erfindung, denn die Wirtschaft konzentrierte sich in den Großstädten; auf dem Land wäre sie über einen bescheidenen Tauschhandel nie hinausgekommen. Die Nationalsozialisten ignorierten diese Zusammenhänge und propagierten Begriffe wie „Blut und Boden" als Gegenentwurf zur verachteten „städtischen Dekadenz"; Goebbels schimpfte auf die „Asphaltliteraten".

Brachte diese Wanderschaft denn nicht auch Vorteile?

Weil die Juden immer wieder verfolgt wurden, war es ihnen nicht vergönnt, wie christliche Bauernfamilien dreihundert Jahre auf demselben Hof zu leben. Andererseits sahen sie aufgrund ihrer vielen Orts- und Länderwechsel das Leben aus verschiedenen Perspektiven: erst aus der Sicht der erwartungsvoll Ankommenden, dann wieder aus der Sicht der enttäuscht Abfahrenden. Sie hatten keine

Zeit, geistig träge zu werden. Wer auf der Flucht war, musste ständig Menschen, Dinge und Situationen abwägen. Genauso galt dies für Ideen und abstrakte Theorien, ständig musste die Lebenssituation neu bewertet werden: Was an einem Ort noch richtig war, konnte am nächsten schon falsch sein; der Erfolg von gestern trug vielleicht die Niederlage von morgen in sich. So zwang ihre Wanderschaft die Juden zum Nachdenken und hielt sie geistig rege.

Verkehren Juden nur untereinander?

Juden, die kein eigenes Geschäft führen konnten, zogen es vor, bei jüdischen Geschäftsinhabern angestellt zu sein, denn dort mussten sie nicht mit schlechter Behandlung und Diskriminierung rechnen. Auf diese Weise vor antisemitischen Angriffen geschützt, arbeiteten Juden häufig bei Juden. Um Neulingen eine Geschäftsexistenz zu ermöglichen, gewährte man ihnen Geld- oder Warenkredite.

Die jüdische Solidarität ist bereits in der Religion begründet: Wohlhabende Juden sind verpflichtet, ihre ärmeren Glaubensbrüder zu unterstützen. Juden verknüpften häufig unternehmerische und familiäre Interessen: Großhandelsgeschäfte wurden in Form einer Kommanditgesellschaft mit Teilhabern organisiert, die aus Ehefrau, Schwiegervater, Onkel und Cousinen bestand. Die große Zahl der Familienmitglieder erleichterte es, Zweiggeschäfte in einer Branche zu eröffnen. Die Bankiersfamilie Rothschild ist hierfür das berühmteste Beispiel. Der alte Mayer Amschel Rothschild aus Frankfurt „positionierte" seine Söhne in den Städten London, Paris, Neapel und Wien und legte so den Grundstein für sein späteres Finanzimperium.

Auch die Heiratspolitik wurde oft Unternehmenszielen untergeordnet und mit ihrer Hilfe der Familienclan kontrolliert erweitert. Man tat sein Vermögen zusammen, und das gemeinsame Interesse am Geschäftserfolg förderte, neben der religiös bedingten Absonderung, den berühmt-berüchtigten „Zusammenhalt" der Juden. Was zunächst wie eine Geschäftsphilosophie klingt, war vor allem eine kluge Vorsichtsmaßnahme gegenüber der feindlichen Umwelt. Der Zusammenhalt galt nicht nur für Familien. Juden „auf der Wan-

derschaft" kamen selten allein, sondern brachten ihr Kapital und ihre Kontakte mit.

Da sie einerseits einer Glaubensgemeinschaft, andererseits in der Diaspora auch einer Schicksalsgemeinschaft angehörten, zogen Juden dorthin, wo schon Juden wohnten. Ähnlich wie dies heute in der Bundesrepublik bei Italienern, Griechen oder Türken der Fall ist. Juden fanden bei anderen Juden leicht Unterkunft und Verpflegung und konnten bei ihnen ihre religiösen Speisegesetze einhalten. Auch als die Juden die Sprache ihrer Gastländer längst beherrschten, blieb ihnen noch das Hebräische als weltweite Muttersprache.

Die Kontakte der Juden untereinander brachten einen wichtigen wirtschaftlichen Vorteil: Sie schufen die internationale Verbindung von Gemeinde zu Gemeinde über Ländergrenzen hinweg. Die Zugehörigkeit zum Judentum schuf das notwendige Vertrauen für den Handel und Kreditverkehr zwischen fernen Märkten und Handelszentren. Dieser Vorteil war dringend nötig in Zeiten, in denen Handelskarawanen oft monatelang durch Kriegs- und Krisenregionen unterwegs waren. In vielen Gebieten herrschte Rechtlosigkeit, die Warentransporte waren der Willkür lokaler Despoten und Raubüberfällen ausgesetzt. Der Zusammenhalt der jüdischen Kaufleute bedeutete hier einen gewissen Schutz.

Reden Juden wirklich so viel mit den Händen?

Juden haben im Allgemeinen eine sehr lebhafte Körpersprache. Teilweise hängt dies zusammen mit der religiösen Erziehung der Juden zum Diskurs und zu dialektischem Denken. Die Art der unterschiedlichen Kopfhaltung drückt aus, dass man eine Sache so oder so sehen kann. Die Hände sind intensiv am Gespräch beteiligt, die Handfläche dreht mal in die eine, mal in die entgegengesetzte Richtung: Einerseits ... andererseits – einerseits gut ... andererseits schlecht – Dialektik eben.

Aber selbstverständlich trifft diese Lebhaftigkeit auch auf andere Völker zu: Italiener zum Beispiel reden ebenfalls viel mit den Händen.

Woher stammt der Ausdruck „jüdische Hast"?

Wenn man den Juden eine besondere Hast oder Nervosität nachsagte, so ging diese wahrscheinlich auf das Leben im Ghetto zurück und den jahrtausendelangen Verfolgungsdruck. Unter solchen Lebensbedingungen war man eben häufiger zur Eile gezwungen als Menschen in sicherer Position. Aber natürlich ist Hast oder Eile für sich genommen kein Identifizierungsmerkmal von Juden.

Sind Juden devot?

Im Mittelalter konnte der König mit den Juden verfahren wie es ihm beliebte: Sie verjagen oder töten, sie foltern und knechten. Diese Willkür eines Herrschers über Leben und Tod, das hilflose Ausgeliefertsein seiner Opfer fand seine extremste Form später in den Konzentrationslagern des Nationalsozialismus. Ein solches Leben musste zwangsläufig das Selbstwertgefühl jedes Menschen stark beeinträchtigen. Da die Juden den Schaden hatten, brauchten sie für den Spott nicht zu sorgen: Dass sie so mit sich umspringen ließen, bewies in den Augen der Unterdrücker ihre Rechtlosigkeit. Dass sie trotz Beleidigung, Demütigung und Gewalt weitermachten, bestätigte – nach Meinung der Täter – die Minderwertigkeit der Juden.

Sind Juden würdelos?

Gemeint war hier zunächst eine Unterwürfigkeit, die bis zur völligen Entwürdigung durch die Herrschenden ging, wenn Ghettojuden mit gekrümmten Rücken ihre Bitte vorbringen mussten.

Würdelos nannte man die Juden auch wegen ihrer Geschäftsmethoden. Wir kommen in dem Kapitel „Juden und Wirtschaft" (vgl.: Liefen die Juden den Kunden nach?, Bedrängten die Juden Kunden auf der Straße? und: Wendeten die Juden unmoralische Geschäftspraktiken an?) noch ausführlich darauf zu sprechen.

Sind Juden schmutzig?

Auch wenn die Hygieneverhältnisse im mittelalterlichen Ghetto kaum dazu geeignet erschienen: Der „schmutzige Jude", über den sich mancher Stadtbürger entrüstete, hielt nicht nur in seinem Haus, sondern im ganzen Bereich des Judenviertels auf äußerste Sauberkeit. Die Religionsgesetze der Juden schreiben sehr strenge hygienische Rituale vor, sowohl bei den Speisegesetzen als auch bei der Körperhygiene. Diejenigen, die die Juden als „unsauber" und „wasserscheu" beschimpften, wussten nicht, dass die jüdischen Rituale häufige Tauchbäder in fließendem Wasser und Händewaschen vor jeder Mahlzeit vorschreiben. Der typische Schmutz, mit dem die christliche Oberschicht zu Rokokozeiten kokettierte, war bei den orthodoxen Juden mit ihren angeblich verwahrlosten Bärten und Schläfenlocken gar nicht möglich. *Physische* Unreinlichkeit scheidet demnach als Grund für den Vorwurf aus.

Eine andere Interpretation lässt den Schluss zu, dass ein *metaphysischer* Schmutz gemeint war: der Gestank direkt vom Teufel, den man den ungetauften Juden zuschrieb.

Von profaner Natur hingegen war, dass man den Juden „unsaubere" Geschäftspraktiken nachsagte. „Unsauber" nach Meinung der Nichtjuden war es zum Beispiel, die nichtjüdischen Konkurrenten zu unterbieten (vgl.: Juden und Wirtschaft – Wenden die Juden unmoralische Geschäftspraktiken an?). Auch vom Trödelhandel, dem Handel mit den minderwertigen Waren der armen Leute, haftete – nach Meinung der Christen – den Juden der vermeintliche Schmutz an (vgl.: Juden im Mittelalter – Waren die Juden an ihrem schlechten Ruf selbst schuld?, und: Juden und Wirtschaft – Sind Juden Preisschleuderer?).

Neigen Juden zur Kuppelei?

Juden hatten oft sehr kinderreiche Familien und als Minderheit in der Diaspora verfügten sie nur über eine begrenzte Auswahl an möglichen Ehepartnern. Auch musste eine Heirat in früheren Zeiten oft geschäftliche Gesichtspunkte berücksichtigen (vgl.: Allgemeines – Verkehren Juden nur untereinander?). Daher bedienten die jü-

dischen Familien sich häufig eines professionellen Heiratsvermittlers. Dieser Ehemakler, auch *Schadchan* oder *Schadchen* genannt, übte eine sehr angesehene und verantwortungsvolle Tätigkeit aus: Er war Ahnenforscher, Finanzberater, Wirtschaftsprüfer und Geograf in einer Person. Seine Aufgabe bestand darin, die geeigneten Heiratskandidaten herauszufinden und zusammenzubringen, oft über große Entfernungen und Landesgrenzen hinweg.

Die Antisemiten benutzten die Rolle des jüdischen Heiratsvermittlers, um die Juden des Mädchenhandels zu bezichtigen und sie mit dem Prostitutionsgewerbe, damals auch Kuppelei genannt, auf eine Stufe zu stellen.

Dürfen jüdische Männer mehrere Ehefrauen haben?

Nein. Bereits im Mittelalter untersagte der Wormser Rabbi Gershom die Vielehe, die früher im Orient üblich war. Seitdem sind die Juden an die Gesetze ihres Aufenthaltslandes gebunden. In Israel ist die Vielehe ebenfalls verboten.

Sind jüdische Männer „Wüstlinge"?

Ein klassisches Klischee der antisemitischen Literatur, das man jüdischen Warenhausinhabern gerne anheftete. Sie würden arme, von ihnen wirtschaftlich abhängige Dienstmädchen und weibliche Angestellte sexuell bedrängen und nötigen. So schrieb der *Völkische Beobachter* vom 13. Juli 1928:

„Neben der schlechten Bezahlung und erniedrigenden Behandlung sind gerade in den Warenhäusern die Mädchen oft Opfer jüdischer Wüstlinge. Jede Beförderung, jede Lohnzulage muss dann durch entsprechende Liebe beim zuständigen Abteilungschef bezahlt werden. Nach einer Statistik leiden 50 von 100 der Warenhausmädchen an Geschlechtskrankheiten."

Ob jemand Wüstling ist, also seiner sexuellen Begierde rücksichtslos nachgibt, lässt sich nur im Einzelfall sagen, aber sicher nicht einer Volksgruppe als Ganzes zuordnen. Hinter diesem Vorwurf standen Neid und Konkurrenzdenken: Man wollte jüdische Geschäftsinhaber diffamieren und nichtjüdische Angestellte davon abhalten,

in jüdischen Geschäften oder Haushalten als Beschäftigte zu arbeiten.

Sind Juden degeneriert?

Nach Auffasssung der Nationalsozialisten war das Erbgut der Juden degeneriert und dafür verantwortlich, dass Juden der „arischen Rasse" unterlegen sind.

Das lockige schwarze Haar, die dunklen Augen, krummen Nasen und angeblichen Plattfüße der Juden galten ihnen als Beweis einer angeborenen Minderwertigkeit. Die Degeneration drücke sich auch im Charakter der Juden aus: Sie seien egoistisch, verschlagen, hinterlistig und geborene Betrüger. Eine solche These ist schon deshalb völliger Unsinn, weil es in der Wissenschaft keine Wertigkeit von Rassen gibt. Dies war eine reine Erfindung der Nazis (vgl.: Juden und Geld – Haben Juden einen angeborenen Geschäftssinn?). Wir werden an anderer Stelle des Buches auf die einzelnen Vorwürfe noch näher eingehen.

Weshalb mieden die Juden nichtjüdische Gerichte?

Als Fremde setzten sich die Juden nur ungern nichtjüdischen Richtern aus. Die aristokratischen Gerichte der Feudalzeit mieden sie genauso wie die städtischen oder staatlichen Gerichte. Sie fürchteten nicht nur eine unterschiedliche Rechtsauffassung, sondern auch Diskriminierung und Benachteiligung. Die Streitigkeiten der Juden untereinander wurden nach der Rechtsauffassung des Talmud vor den Rabbinergerichten verhandelt. Wann immer sich Juden „Privilegien" erkauften, bestanden sie deshalb auf einer eigenen Gerichtsbarkeit. Selbst als Josef II. in der Monarchie die Rabbinergerichte längst abgeschafft hatte, existierten sie in den Ghettos und Schtetln Osteuropas noch weiter. Aus leidvoller Erfahrung waren die Juden davon überzeugt, vor einem christlichen Gericht nicht Recht zu bekommen. Wenn sie vor christlichen Richtern erschienen, dann meistens als Beklagte von Nichtjuden.

Ein von einem Juden begangenes Delikt wurde nicht als Tat eines Einzelnen betrachtet, die Schuld nicht seinem individuellen Charak-

ter zugeschrieben, sondern sie wurde oft als typisch jüdische Eigenschaft seiner Volksgruppe verurteilt. Da die Juden auf Gerechtigkeit erst gar nicht hoffen konnten, appellierten sie nur ausnahmsweise an die Gerichte außerhalb des Ghettos. Die jüdische Gemeinde musste stets damit rechnen, dass die Tat eines Einzelnen die jüdische Gemeinde insgesamt belastete. Deshalb versuchte sie ihn den nichtjüdischen Gerichten zu entziehen.

Verspotten sich die Juden selbst in ihren jüdischen Witzen?

Aufgrund der Dialektik, die in religiösen Schulen gelehrt wird, stellen die Juden so ziemlich alles in Frage – sogar sich selbst. Dieses Phänomen spiegelt sich im jüdischen Witz wider, wird jedoch von Nichtjuden kaum nachempfunden. Antisemiten verwenden daher oft jüdische Witze, um Juden zu verspotten. Ohne zu wissen, dass der jüdische Witz von der Selbstironie lebt. Gleichzeitig ist er geprägt von Melancholie und zynischer Trauer. Diese drücken die Enttäuschung des Idealisten darüber aus, dass Anspruch und Wirklichkeit in der Welt sich nicht decken. Um wenigstens verbal bestehen zu können, werden zum seelischen Ausgleich Spiegelgefechte mit der Wahrheit geführt. So entstanden jene dümmlich-schlauen Antworten auf einfache Fragen, die Unwissende daran zweifeln ließen, ob die Juden sich selbst achten. Der jüdische Witz war vor allem eine Waffe der Wehrlosen gegen die Täter.

Die Vielzahl an jüdischen Witzen füllt ganze Bücher. Den echten jüdischen Witz erkennt man daran, dass einem manchmal das Lachen im Halse stecken bleibt. Charakteristisch ist folgender Witz: Zwei Juden planen einen Anschlag auf Hitler. An der Stelle, an der Hitler mit seinem Gefolge vorbeikommen soll, liegen sie auf der Lauer. Stunden vergehen, Hitler kommt nicht. Sagt der eine: „Es wird ihm doch hoffentlich nichts passiert sein!"

Juden und Religion

Haben die Juden Jesus gekreuzigt?

Die heikelste Frage des christlichen Antisemitismus. Hier liegt die Hauptursache des Antijudaismus, des religiös motivierten christlichen Judenhasses und der Verfolgung und Tötung der Juden bis in die Gegenwart.

Die Schuld am Tod des Jesus von Nazareth wurde nicht den Römern und ihrem Prokonsul Pontius Pilatus angelastet, sondern den Juden: dem *Sanhedrin* (Hoher Rat), dem Hohenpriester Kaiphas und dem jüdischen Volk.

Was aber geschah damals wirklich in Palästina? Welches waren die Umstände, die zur Kreuzigung Jesu Christi führten?

Der fromme Jude Jesus wurde sechs oder sieben Jahre vor unserer Zeitrechnung geboren. Als sicher gilt sein Geburtsort Bethlehem, die Geburtsstätte König Davids. Auf diesem ruht die Erwartung des jüdischen Volkes: Aus dem Stamm David werde der künftige Messias geboren. Das Todesjahr dürfte um das Jahr 33 gewesen sein, Jesus demnach zwischen dreißig und vierzig Jahre alt. Sein Auftreten als Messias war damals nicht ungewöhnlich; auch vor und nach ihm erhoben Juden den Anspruch, der Messias zu sein.

Die Geschichte Jesu bedeutete für die Juden in Palästina in Zeiten großer politischer und religiöser Spannungen ein Ereignis unter vielen. Jesus war nur einer von damals fünftausend Gekreuzigten im Land. Für die römische Besatzungsmacht galt er als ein weiterer politischer Unruhestifter, den man schnell loswerden musste.

Wie lange das religiöse Wirken Jesu dauerte, darüber gibt es keine genauen Zeitangaben, vermutlich waren es ein paar Jahre.

Zum Pessachfest seines geschätzten Todesjahres ritt er, von seinen Anhängern begleitet, auf einem Esel nach Jerusalem ein. Für die religiösen Autoritäten musste es den Anschein erwecken, als beabsichtigte er seine Tätigkeit von Galiläa nun auf Judäa und die Hauptstadt auszuweiten. Sie hatten durchaus Gründe, das zu fürchten, weil Jesus in seinen Predigten eine Rückbesinnung und Erneuerung des

Judentums forderte und damit die Basis ihrer Herrschaft in Frage stellte. In den Augen des Hohen Rates war er nichts weiter als ein religiöses und politisches Ärgernis. Seinetwegen befürchtete man Repressionen für das Volk.

Da die jüdisch-religiösen Ämter von dem Wohlwollen der römischen Besatzer in Judäa abhingen, mussten sie auch römische Belange berücksichtigen.die Absetzung des Hohenpriesters Kaiphas durch den Legaten Lucius Vitellius erfolgte gleichzeitig mit der Abberufung des Statthalters Pontius Pilatus im Jahr 36 n. Chr., was seine enge Verbindung zu den Römern nahelegt. Der römische Prokonsul Pontius Pilatus war, wie historische Zeugnisse belegen, brutal und korrupt und verfolgte mit harter Hand alle echten oder vermeintlichen Aufrührer. So kam es, dass Jesus von Nazareth in Jerusalem festgenommen, vor Gericht gestellt und zum Tode verurteilt wurde. Zusammen mit zwei Kriminellen wurde er gekreuzigt.

Wer nun aber genau hat Jesus getötet? Waren es die Römer oder die Juden? Unzählige Male ist versucht worden, das Verfahren Jesu zu rekonstruieren. Die Evangelien sind keine historischen Dokumente, sondern hatten vielmehr die Absicht, die Gestalt und die Botschaft Jesu zu vermitteln. Da andere Originalquellen fehlen, ist es nicht möglich, den Prozess und die Kreuzigung Jesu als geschichtliches Ereignis vollständig zu erfassen.

Zum Beispiel kann der Prozess vor dem Hohen Rat nie so abgelaufen sein, wie die Evangelien ihn schildern. Schon formaljuristisch widerspricht das angebliche Verfahren gegen Jesu zeitgenössisch-jüdischen Rechtsgrundsätzen: nach der Prozessordnung war es dem Sanhedrin untersagt, vor dem Sabbat oder anderen Festtagen zu verhandeln. Nächtliche Prozesse waren ausgeschlossen. Auch durften im Prozess keine Fragen gestellt werden, durch die der Angeklagte dazu gebracht wurde, sich selbst zu belasten und zu seiner Verurteilung beizutragen. Ein Geständnis durfte von den Richtern nicht gewertet, nur Zeugenaussagen bei einem Urteil berücksichtigt werden. Ein „Verhör" durch Kaiphas kann es in einem jüdischen Prozess also nicht gegeben haben, genauso wenig wie ein Todesurteil des Hohen Rates, da dieser kein Recht auf Kapitalgerichtsbarkeit besaß.

Auch zählte die Kreuzigung *nicht* zu den vier jüdischen Hinrichtungsarten Steinigen, Verbrennen, Hängen und Köpfen, sondern

war eine *römische* Hinrichtungsart für Vergehen gegen das Imperium. Sie konnte nur an nicht-römischen Bürgern und innerhalb Italiens nur an Unfreien, also Sklaven, durchgeführt werden. Jesus von Nazareth wurde von den Römern, bei denen das Gewaltmonopol lag, verhaftet, verurteilt und hingerichtet. Die geschönte Darstellung des Pontius Pilatus und die negative Beschreibung des Kaiphas, vor allem bei Matthäus und Johannes, hat die wirkliche Verantwortung für die Kreuzigung Jesu lange Zeit verschleiert und in der Geschichte des Christentums immer wieder den Antijudaismus geschürt.

Wie entstand der kirchliche Antijudaismus?

Das Christentum war in seinen Ursprüngen jüdisch, im Laufe der Missionstätigkeit der Apostel traten jedoch immer mehr Nichtjuden zum Christentum über. Dies führte schon sehr früh zu Spannungen unter den Aposteln und letztlich zur Trennung des Christentums vom Judentum. Aus dieser Konkurrenzsituation entwickelten sich die Anfänge des christlichen Antijudaismus. Die zunehmende Ausbreitung des Christentums und die Judenfeindschaft gingen Hand in Hand. Das Konzil von Nicäa (heute Iznik, Türkei), von Kaiser Konstantin im Jahr 325 n. Chr. einberufen, sollte die Glaubenseinheit der Christen untereinander wiederherstellen. Einer der Beschlüsse des Konzils lautete: Jesus von Nazareth ist Gottes eingeborener Sohn und daher ihm wesensgleich. Somit waren die Juden nicht mehr nur Glaubensfeinde, die sich weigerten, Jesus als den wahren Messias anzuerkennen, sondern konnten als „Gottesmörder" angesehen werden. Später predigten Kirchenlehrer wie Augustinus den christlichen Antijudaismus in schärfster Form, theologisch untermauert mit den Psalmen des Alten Testaments. Seine Texte wirkten verheerend, weil sie im christlichen Abendland weit verbreitet waren und von allen gelesen werden konnten, die das Lateinische beherrschten. So prägten sie weitgehend das Verhältnis von Christentum und Judentum während des gesamten Mittelalters bis in die Neuzeit. Die einfachen Christen des Mittelalters ahnten nichts von der Wurzel ihres Glaubens, dem Judentum. Sie wurden von der christlichen Führungsschicht aufgehetzt gegen die vermeintlichen „Gottesmör-

der". Der kirchliche Antijudaismus führte dazu, dass die Christen die angeblichen Feinde ihres Glaubens hassten und verfolgten.

Auch die Reformation änderte daran nichts, Martin Luther hetzte in seinen Schriften erbittert gegen die Juden. Über die Jahrhunderte hinweg entstand so in den Köpfen vieler Christen ein verzerrtes Bild vom jüdischen Mitbürger. Der einzelne Jude wurde nicht mehr als Mensch gesehen und bewertet, sondern als Teil einer schuldbeladenen und verachtenswerten Gemeinschaft – der Juden. Dass man der antijüdischen These gerne auch aus gesellschaftlichem und wirtschaftlichem Konkurrenzdenken folgte, tat diesem Bild keinen Abbruch.

Sind die Juden das auserwählte Volk?

Diese Frage hat oft zu Missverständnissen geführt und zu Unrecht den Widerstand und die Feindschaft anderer Völker herausgefordert. Der jüdische Anspruch, das auserwählte Volk der Erde zu sein, ist nicht im Sinne von Überheblichkeit zu verstehen. Nach religiösem Verständnis hat Gott das jüdische Volk auserwählt, um ihm sein Gesetz zu geben. Dies ist mit keinerlei Vorrechten verbunden, sondern vielmehr mit der Pflicht des Einzelnen, ein gottgefälliges Leben zu führen.

Selbst in politisch eher ruhigen Zeiten sorgte die Einhaltung unzähliger Vorschriften, Gebote und Verbote dafür, dass das Leben für gläubige Juden kompliziert blieb. Sie sehen sich auserwählt nicht in dem Sinn, auf andere Völker herabzusehen oder diese gar ausbeuten zu dürfen, wie die Nazis verbreitet haben. Also keine Auserwähltheit zu Macht und Herrlichkeit, eher eine zu besonderen Verpflichtungen gegenüber Gott und der Gemeinde.

Ist *Jahwe* der Gott der Juden?

Nein, der jüdische Gott heißt weder *Jahwe* noch *Jehova*. Eigentlich existiert überhaupt kein *eigener* Name für Gott. In der Tora werden die vier hebräischen Buchstaben J, H, W, H verwendet, diese bezeichnet man auch als Tetragramm (griechisch: vierbuchstabig), das Wort *Gott* selbst wird aber nicht ausgesprochen.

Allein der Hohepriester durfte am Versöhnungstag (*Jom Kipur*) im Allerheiligsten des Tempels von Jerusalem den Gottesnamen aussprechen. Im Gebet wird stattdessen eine Umschreibung gebraucht: *Adonai* (Oberster Herrscher). Bei Bibellesungen oder Segenswünschen im Alltag heißt es *Ha Schem* (Der Name). Die Floskel *Baruch Ha Schem* (gesegnet sei der Name) bedeutet etwa so viel wie „Gott sei Dank".

Ist der jüdische Gott rachsüchtig und grausam?

Ein Vorurteil christlicher Antisemiten, demzufolge der Charakter Gottes in beiden Religionen höchst unterschiedlich sein soll: Der Gott des Alten Testaments, der jüdische, sei rachsüchtig und grausam; der Gott des Neuen Testaments, der christliche, sei dagegen geprägt von Nächstenliebe. Dies drücke sich auch in dem Spruch aus: „Du sollst deinen Nächsten lieben wie dich selbst."

Jesu Aufforderung zur Nächstenliebe stammt allerdings schon vom Propheten Jesaja. Als Beweis für einen rachsüchtigen und brutalen jüdischen Gott wird gerne auf den Tora-Satz „Auge um Auge, Zahn und Zahn" verwiesen. Dabei war dieses so genannte „Talionsgesetz" zu seiner Zeit eine geradezu revolutionäre Neuerung in der Rechtsprechung.

Es bedeutete zunächst einmal nichts anderes als die Aufforderung der Tora, Gleiches mit Gleichem zu vergelten, und zwar nur oder höchstens mit Gleichem. Eine Forderung also, dass Verbrechen und Strafe in einem angemessenen Verhältnis zueinander stehen müssen. Bereits im Buch Mose ist niedergeschrieben, dass körperliche Verletzungen nicht durch gleiche Verletzungen vergolten werden sollen, sondern durch entsprechende Ausgleichszahlungen an das Opfer.

Dies war im früheren Orient keineswegs selbstverständlich. Erlittenes Unrecht oder entstandener Schaden wurden womöglich mit einem Mehrfachen an Rache vergolten: Ein Ermordeter wurde mit zwei oder drei Toten gerächt. Diebstahl wurde nicht nur mit Gegendiebstahl beantwortet, sondern die Familie des Diebes wurde unter Umständen geschändet und ermordet. „Auge um Auge, Zahn und Zahn" sollte dieser überzogenen grausamen Rachsucht ein Ende

setzen. Es war eine Aufforderung zur Besinnung – keine Anstiftung zum Kampf.

Übrigens galt der Grundsatz „Gleiches mit Gleichem zu vergelten" nach jüdischer Auffassung nicht für Mord. Während im Mittelalter nach christlichem Recht für Mord nur die Todesstrafe in Frage kam, setzten die Rabbiner einen fiktiven Sühnewert fest, der in Geld oder Wertgegenständen entrichtet wurde.

Zum anderen ging es bei „Auge um Auge, Zahn und Zahn" vorrangig darum, dass nur die *Tat an sich* und nicht der gesellschaftliche *Stand* des Täters bewertet werden sollte. Sonst wurde nämlich nach dem Stand des Täters unterschieden und je höher der Rang des Opfers war, desto höher fiel die Strafe für Niedriggestellte aus. Andererseits kam ein hochrangiger Täter meist glimpflich davon.

Begingen die Juden aus religiösen Gründen Ritualmorde?

Seit der Zeit der Kreuzzüge (1096–1270) wurden den Juden religiös motivierte Ritualmorde vorgeworfen. Fand man zur Osterzeit irgendwo die Leiche eines Kindes, dessen Körper Messerschnitte aufwies, verdächtigte man stets die Juden des Mordes. Diese, so glaubte man, benötigten bei ihren Ritualen zum Pessachfest das Fleisch und Blut von Christenkindern für die Herstellung des obligatorischen ungesäuerten Brotes *Mazze* (vgl.: Juden und Religion – Besteht Mazze, das Brot der Juden, aus Blut?). Angeblich wollten die „Gottesmörder" die Kreuzigung Jesu zu Ostern symbolisch nachvollziehen. Manchem Bauern wurde nachgesagt, er habe sein Kind zum „Judaslohn" an durchreisende Juden verkauft. Der Volkszorn richtete sich dann schnell gegen die örtlichen Juden, denen man solche Taten aus mehreren Gründen zutraute: Sie blieben unter sich, befolgten merkwürdige Speisegesetze und übten eine fremdartige Religion aus. Unter der Folter wurden Geständnisse erpresst und anschließend alle Juden eines Ortes aus Rache ermordet oder vertrieben.

Der Vorwurf des Ritualmordes ist schon deshalb absurd, weil gläubige Juden Blut auf keinen Fall zu sich nehmen dürfen. Dieses

Gesetz ist belegt in der heiligen Schrift u. a. mit der Weisung an Noah: „Allein esset das Fleisch nicht mit seinem Blut, in dem sein Leben ist" (Gen 9,4). Ein gläubiger Jude darf auch kein Fleisch essen, das noch Blut enthält. Diese Vorschrift wird schon bei der Schlachtung von Tieren berücksichtigt: Der Metzger muss dem Schlachttier mit einem Schnitt Speise- und Luftröhre mitsamt der Halsschlagader durchtrennen, um das vollständige Ausbluten des Tieres zu gewährleisten (vgl.: Juden und Religion – Ist das rituelle Schlachten von Tieren ein Beweis für die Grausamkeit der Juden?).

Schon Papst Innozenz IV. verurteilte im Jahr 1247 die Ritualmord-legenden als Verleumdungen. Dennoch ließen sich viele nicht davon abhalten, diese Gräuelmärchen weiter zu verbreiten und gegen die Juden zu hetzen: Bischöfe, Kirchengerichte und fanatische Prediger wie der Franziskanermönch Bernadino da Feltre. Noch im 19. Jahrhundert tat sich der Berliner Dom- und Hofprediger Adolf Stoecker (1835 – 1909) mit antijüdischen Hetzpredigten hervor. Der Gründer der ersten antisemitischen Partei, der „Christlich-sozialen Arbeiterpartei" (gegr. 1878), behauptete noch 1892 im Reichstag, die Ritualmordlegenden seien historisch belegbare Tatsachen. Dass infolgedessen Juden ermordet wurden, wie dies Ende des 19. Jahrhunderts bei den Ritualmordprozessen in Österreich geschah, konnte nur in Gottes Sinn sein. In Büchern tauchte die Ritualmordlegende sogar bis zum ersten Weltkrieg auf.

Im Verlauf der Jahrhunderte wurden etwa hundertfünfzig Christenkinder, tatsächlich oder angeblich verschwundene, zu Ritualmordopfern erklärt. Keiner dieser Fälle wurde jemals bewiesen. Im Jahr 1965 revidierte die katholische Kirche ganz offiziell die Kanonisierung (Heiligsprechung) des dreijährigen Bauernsohns Simon von Trient, dessen Tod im Jahr 1475 von Bernadino da Feltre den Juden angedichtet worden war. Noch im Jahr 1994 musste der Tiroler Bischof Stecher die Verehrung des angeblichen Ritualmordopfers „Anderl von Rinn" verbieten, gegen den Widerstand vieler Leute, die noch heute eine jährliche Wallfahrt zu ihm veranstalten.

Ist das rituelle Schlachten von Tieren ein Beweis für die Grausamkeit der Juden?

Tiere, die zu Speisen verarbeitet werden, tötet ein hierfür geschulter Schächter in einer rituellen Schächtung. Dabei wendet er eine spezielle Technik an, bei der er die Kehle des Tieres mit einem Schnitt durchtrennt: Luft-, Speiseröhre, Halsschlagader und Hauptnervenstränge werden gleichzeitig durchschnitten.

Antisemiten glaubten in dieser Technik einen Beweis dafür zu erkennen, dass Juden besonders grausam und blutdürstig seien. In Wirklichkeit ist diese Art zu schlachten die humanste, das Tier ist sofort bewusstlos und spürt keinen Schmerz mehr. Auch erleichtert diese Technik das vollständige Ausbluten. Zum Verzehr darf nämlich kein Blut ins Fleisch gelangen, weil Blut nach jüdisch-religiöser Auffassung der Sitz der Seele ist (vgl.: Juden und Religion – Begingen die Juden aus religiösen Gründen Ritualmorde?).

Töten die Juden ihre Sterbenden?

Der Umgang mit dem Tod ist im religiösen Judentum streng geregelt. Eine wichtige Organisation der jüdischen Tradition war seit dem 16. Jahrhundert die heilige Bruderschaft, *Chevra Kaddischa*. Sie sorgte dafür, dass jüdische Gemeindemitglieder korrekt bestattet wurden. Die Tätigkeit in der Bruderschaft war ehrenamtlich und nur verdienstvolle Gemeindemitglieder wurden in sie berufen. Die Chevra Kaddischa erledigte zunächst folgende Aufgaben: das Reinigen der Toten, das Ausheben der Gräber und das Aufstellen der Grabsteine. Niemand sollte von einem Sterbefall finanziell profitieren.

Seit dem 18. Jahrhundert wuchs die Verantwortung der Chevra Kaddischa über die reinen Beerdigungspraktiken hinaus: Sie beaufsichtigte Beschneidungen, betreute Waisen und überwachte die medizinische Versorgung von Kranken. Die Chevra Kaddischa drängte stets auf die schnelle Beerdigung (innerhalb von vierundzwanzig Stunden) der Toten, besonders aus hygienischen Gründen und um dem Verwesungsprozess zuvorzukommen. Dadurch entstand bei den Nichtjuden das Klischee, die Juden würden zuweilen

auch Scheintote begraben. Seit etwa 1820 gilt in Deutschland eine gesetzliche Mindestfrist von zwei Tagen zwischen Eintritt des Todes und Begräbnis. Seitdem musste sich auch die Chevra Kaddischa an diese Regelung halten.

Noch perfider war allerdings die völlig absurde Behauptung, Juden würden Patienten, die am Vorabend des Sabbats im Sterben liegen, töten, damit diese mit ihrem Tod nicht den Sabbat entweihen könnten.

Wer ist Jude?

Nach dem geltenden jüdischen Religionsgesetz, der *Halacha*, ist Jude, wer als Kind einer jüdischen Mutter geboren wurde. Daneben können auch Nichtjuden zum Judentum übertreten, was allerdings ziemlich aufwändig ist.

Gibt es Halbjuden und Vierteljuden?

Mit den Nürnberger Rassengesetzen im Jahr 1935 machte das Hitler-Regime Menschen zu Juden, die sich bis dahin überhaupt nicht als solche gefühlt hatten und nach den Kriterien des religiösen Judentums auch keine waren. Als Grundlage hierfür diente die Evolutionstheorie, von Charles Darwin 1858 entwickelt, der sich jedoch 1880 von der Umdeutung seiner Lehre durch die Antisemiten distanzierte. Die Nazis definierten als Jude, wer Vorfahren hatte, die der jüdischen Religion angehörten.

Um im Nationalsozialismus seine „arische Rassenzugehörigkeit" nachzuweisen, musste man einen „reinen Stammbaum" über mehrere Generationen nachweisen. „Halbjude" war demnach, wer aus einer Verbindung zwischen einem Juden und einem Nichtjuden hervorgegangen war, also mindestens ein jüdisches Elternteil hatte. Entsprechend legte der so genannte „Arierparagraf" mit pseudo-biologischen Merkmalen die Abstufungen zum „Vierteljuden" und sogar zum „Achteljuden" fest. Das religiöse Judentum kennt solche pseudowissenschaftlichen Unterscheidungen nicht, es gibt dort nur Juden oder Nichtjuden. Zumal es den von den Nationalsozialisten geprägten Rassenbegriff in der Wissenschaft auch gar nicht gibt.

Warum dürfen Juden kein Schweinefleisch essen?

Nach jüdischem Gesetz (*Halacha*) dürfen Juden nur das Fleisch von Säugetieren verzehren, die zweigespaltene Hufe haben *und* Wiederkäuer sind (zum Beispiel Kühe).

Für religiöse Juden bedeutet dies: kein Schweine- und Pferdefleisch, auch keine Schalentiere, Muscheln oder bestimmte Fische. Juden, die ihren Glauben nicht praktizieren, essen aber durchaus Schweinefleisch.

Weshalb befolgen Juden so merkwürdige Speisevorschriften?

In der Bibel sind detaillierte Vorschriften und Speisegesetze enthalten, die bis auf den heutigen Tag für gläubige Juden Gültigkeit haben. Strenggläubige Juden müssen unbedingt darauf achten, milchhaltige und fleischige Speisen zu trennen („Du sollst das Zicklein nicht in der Milch seiner Mutter kochen", Exodus 23,19). Beides zusammen in einer Mahlzeit ist weder erlaubt, noch darf es im selben Geschirr zubereitet werden. Deshalb gibt es auch heute in Israel offiziell kein mit Butter bestrichenes Sandwich, das gleichzeitig eine Fleisch- oder Wurstbeilage enthält.

Man unterscheidet zwischen *koscheren* (reinen) und *trefenen* (unreinen) Speisen. Um die Einhaltung dieser strengen Regeln durchzusetzen, machen orthodoxe Rabbiner „Jagd" auf israelische Restaurants, die dagegen verstoßen.

Besteht *Mazze*, das Brot der Juden, aus Blut?

Antisemiten behaupteten, die Juden verwendeten für die Herstellung ihres ungesäuerten Mazze-Brotes (= *Mazza* oder *Mazzes*) das Blut von Christenkindern (vgl.: Juden und Religion – Begingen die Juden aus religiösen Gründen Ritualmorde?). Die Mazze wird zum Pessachfest gebacken, dem Jahresfeiertag zur Erinnerung des Auszugs aus Ägypten vor etwa 3.250 Jahren. Schon aus Zeitmangel konnte man damals auf der Flucht nur ungesäuertes Brot backen. Es ist keinerlei Blut darin enthalten, sondern nur Mehl und Wasser. Die

Mazze ist mittlerweile sogar als Knäckebrot in deutschen Delikatess- und Bioläden erhältlich.

Sind alle Juden beschnitten?

So genau weiß man das nicht, es hat noch keiner nachgeschaut. Spaß beiseite, religiöse Juden lassen ihren männlichen Nachwuchs selbstverständlich beschneiden.

Die Beschneidung, die Entfernung der männlichen Vorhaut (medizinisch: *Zirkumzision*), ist keine Verstümmelung und in manchen Ländern aus religiösen oder medizinischen Gründen weit verbreitet. Für die Juden ist die Beschneidung im Buch Genesis festgelegt als ein Gebot Gottes, ein Zeichen seines Bundes mit dem Volk Israel. Aber natürlich kommen jüdische Babys nicht schon beschnitten zur Welt, wie manche abergläubische Menschen vermuten.

Woher stammt der Ausdruck „lärmende Judenschule"?

„Hier herrscht ein Lärm wie in einer Judenschule" ist eine gängige Formulierung für eine Situation, in der alle durcheinanderreden.

Die Synagoge ist bekanntlich das Gemeinde-, Bet- und Lehrhaus der Juden und wird in Osteuropa auf Jiddisch *Schul* genannt. Die jüdische Synagoge diente nie, wie in den christlichen Religionen, als reiner Gebets- und Andachtsraum, sondern ist ein Versammlungsort, in dem man sich zum Beten, Lernen und Feiern trifft. Bei den Juden übernahm die Synagoge auch die Funktion des Gemeindehauses, weil sie in der Diaspora einen Raum brauchten, in dem sie sich treffen konnten.

Die jüdische Religion ist eine fröhliche Religion: es wird gebetet und gelacht, gesungen und getanzt. Der Umgang mit Gott soll nicht einschüchtern, das Verhältnis der Juden zu ihm ist recht ungezwungen: man hadert mit ihm und debattiert über ihn, im Selbstgespräch, untereinander oder mit dem Rabbi. So entsteht für Nicht-Juden der Eindruck von großer Unruhe in einem Gotteshaus.

Zudem gibt man jüdische Kinder früh zu einem Lehrer in die Schule, Söhne schon mit vier Jahren. In diesen Schulen sah man es lange Zeit als sinnvoll und notwendig an, sich den hebräischen Text

durch lautes Aufsagen einzuprägen. Da sich in der Regel mehrere Schüler in einem einzigen Raum aufhielten, die alle versuchten, ihre Texte laut auswendig zu lernen, kann man sich die Geräuschkulisse vorstellen.

Ist der Talmud die „jüdische Bibel"?

Nein, der Talmud ist keine Bibel, sondern der *Kommentar* zur Bibel und sehr viel umfangreicher als diese. Das Wort *Talmud* stammt aus dem Hebräischen und bedeutet wörtlich *Studium* oder *Belehrung*. Der Talmud ist eine Art Gesetzbuch, das jedoch keine neuen Gesetze enthält, sondern nur Auslegungen zu den Gesetzen der Tora, heute würde man sagen „Durchführungsverordnungen".

Darüber hinaus regelt der Talmud den praktischen Alltag der Juden, enthält Glaubens- und Speisevorschriften ebenso wie Anweisungen für Krankheitsfälle. Jede nur denkbare Lebenslage ist darin erfasst. Somit ist es nicht erstaunlich, dass er enzyklopädische Ausmaße hat.

Die deutsche Ausgabe umfasst zwölf Bände mit insgesamt fast zehntausend Seiten über Geschichte, Volkskunde, Ackerbau und Viehzucht, Medizin, Wissenschaft und Literatur. Für das Studium braucht ein Talmudschüler Jahre. Ein Talmud-Gelehrter verfügt über das Wissen eines Konversationslexikons.

Es gibt zwei Bereiche des Talmud:

Der *Jerusalemer* Talmud entstand in Judäa und wurde noch nach der Vernichtung der jüdischen Eigenstaatlichkeit im Jahre 137 v. Chr. eine Zeit lang an den Akademien in Jawne und Tiberias fortgeführt. Er ist nur bruckstückhaft erhalten und mündlich überliefert. Wenn nur vom *Talmud* die Rede ist, so ist meistens der viel umfangreichere *Babylonische* Talmud gemeint. Er entstand in mehreren Schulen im babylonischen Exil. Die Schriftform bestand bereits seit dem sechsten Jahrhundert v. Chr., um die Zeitenwende wurde er zusammengefügt und bis zum sechsten Jahrhundert n. Chr. vervollständigt. Sein Sinn bestand darin, den Bund der Juden mit ihrem Gott zu erhalten. Aus diesem Grund zeichneten die jüdischen Priester viele Lebensregeln auf. Dies sollte die jüdische Identität festigen und verhindern, dass das staatenlose Volk der Juden während sei-

ner Zerstreuung zerfiel und sich mit heidnischen und götzendienerischen Völkern vermischte.

Unterdrücken die Juden nach der Talmudlehre ihre Frauen?

Genau das Gegenteil ist der Fall. Seit jeher diente die Familie den Juden als Rückhalt in einer feindseligen Umwelt. Somit nahm auch die Ehefrau und Mutter eine entscheidende Rolle ein, denn sie hatte die Aufgabe, die Speisegesetze und sonstigen religiösen Lebensregeln zu beachten. Dazu musste sie Grundkenntnisse in Lesen und Schreiben besitzen. Immer war sie Mitarbeiterin, oft sogar, durch eine Mitgift, Mitbesitzerin im Geschäft ihres Mannes. Bisweilen war sie sogar die Hauptenährerin der Familie, wenn der Mann seine Torastudien betrieb.

Je nach Ausrichtung der Gemeinde (orthodox, konservativ oder liberal) gibt es allerdings Abstufungen darin, welche Rolle den Frauen im Gemeindeleben und bei Gottesdiensten zugewiesen wird. In liberalen Gemeinden kann eine Jüdin sogar Rabbinerin werden.

Enthält der Talmud Aufforderungen zu Straftaten?

Der Talmud wurde von Nichtjuden oft falsch verstanden oder absichtlich falsch ausgelegt. Antisemiten wollten mit seiner Hilfe die angebliche Unmoral der Juden im Umgang mit den Nichtjuden beweisen. Beispielhaft hierfür ist der im Talmud genannte *Marktschutz*, der zum angeblichen „Hehlerrecht" umgedeutet wurde. Speziell diese Talmudstelle wurde immer wieder falsch interpretiert. Sie besagt, dass ein Händler, der *unwissentlich* gestohlene Ware weiterverkauft, also unbeabsichtigt zum „Hehler" wird, straffrei bleibt. Der bestohlene Eigentümer muss die Ware vom letzten Besitzer zurückkaufen und das Geld dann vom eigentlichen Dieb eintreiben. Der Händler darf an gestohlener Ware weder bewusst verdienen, noch soll er einen Verlust erleiden.

Dieser vom Talmud installierte *Marktschutz* des Händlers sollte dem zunehmenden Warenverkehr Rechnung tragen. Die Juden, von ihrer Heimat abgeschnitten und über die ganze Welt verstreut, soll-

ten vor Verlusten durch Betrügereien anderer geschützt werden. Die Handelswaren durchliefen oft monate- oder jahrelang zahlreiche Märkte in fernen Ländern. Wer damals irgendwo kaufte und wieder verkaufte, konnte unmöglich erst nachforschen, ob der Verkäufer einer Ware auch deren rechtmäßiger Eigentümer war. Allein der Versuch wäre nicht nur sehr zeitaufwändig gewesen, sondern auch völlig aussichtslos.

Dieses juristische Prinzip des Talmud ist heute in ähnlicher Form als *gutgläubiger Erwerb* (§ 932) im Bürgerlichen Gesetzbuch verankert. Der *Marktschutz* galt übrigens für alle Händler, Juden wie Nichtjuden. Die Fehlinterpretation aber blieb an den jüdischen Kaufleuten kleben und versah sie mit dem Klischee des „Hehlers" (vgl.: Juden im Mittelalter – Sind Juden Hehler?).

Wurde der Talmud absichtlich falsch ausgelegt?

Ja, viele Feinde des Judentums machten sich die Unwissenheit der meisten Menschen in Bezug auf die Lehren des Talmud zunutze. Mittels falscher Übersetzungen sollten die Juden in die Rolle von Verbechern und Übeltätern gedrängt werden. Auch Gelehrte, wie der Universitätsprofessor Johann Andreas Eisenmenger (1654–1704) und der Priester August Rohling (1839–1931), die Führerfigur des katholischen Anti-Talmudismus, wollten mit Hilfe des Talmud beweisen, dass Juden gegenüber Nichtjuden zur Niedertracht erzogen werden und zu Verbrechen wie Betrug, Meineid und Ritualmord. Rabbiner ebenso wie katholische und protestantische Theologen entlarvten Rohling als Scharlatan, der seine dürftigen Hebräischkenntnisse für antisemitische Schmähschriften nutzte. Der evangelische Theologieprofessor Franz Delitzsch überführte ihn im Jahr 1888 „... falscher katholischer Bibelübersetzungen, Unterstellungen, entstelltem Sachverhalt, bewusster Lügen, schauderhafter Verleumdungen und Gewissenlosigkeit." Erst acht Jahre später untersagte das Wiener Ministerium dem eingefleischten Talmudgegner Rohling seine weitere Lehrtätigkeit.

Ist der Eid eines Juden wertlos?

Auch das *Kol Nidre*-Gebet ist so ein Missverständnis. Gläubige Juden sprechen es am Versöhnungstag. Sie bitten darin um Verzeihung für alle Gelöbnisse gegenüber Gott, die sie während des nächsten Jahres leisten und nicht einhalten können. Verpflichtungen zwischen Menschen und geschäftliche Abmachungen sind hiervon nicht betroffen. Trotzdem gilt es für die Antisemiten als Beweis, dass der Eid eines Juden grundsätzlich wertlos sei.

Kann man mit Hilfe des Talmud alles beweisen, was man will?

Der Talmud ist ein umfangreiches Schriftwerk, bestehend aus *Mischna* und *Gemara*. Er ist die Niederschrift der mündlichen Interpretation der schriftlichen Tora, der Fünf Bücher Mose. Diese sollten so der Nachwelt besser erhalten bleiben als durch die ursprünglich gebräuchliche, mündliche Überlieferung. Bei der Erstellung des Talmud haben im Lauf der Jahrhunderte viele Rabbiner mitgewirkt, manche von ihnen wurden deshalb auch sehr berühmt.

Nicht immer konnte man sich bei der Auslegung der Bibelstellen einigen, weshalb oft Ansichten nebeneinander stehen, die sich widersprechen. Der Talmud ist daher kein stures Gesetzbuch mit Paragrafen, sondern eine Ansammlung von Meinungen jüdischer Gelehrter zu juristischen Problemen, gespickt mit Witzen und Anekdoten. Aus jüdischer Sicht interessante Erfahrungen sollten für die Nachwelt erhalten werden. Dies geschieht im Talmud häufig durch Gleichnisse, erläutert von Rabbinern oder dargestellt an der Diskussion zwischen Lehrer und Schüler. Für Verwirrung bei unwissenden Menschen sorgen nicht nur gegensätzliche Meinungen, sondern auch die Vielzahl der Antworten auf ein und dieselbe Frage. Tausende aneinandergereihter Gleichnisse, Geschichten und Beispiele ergeben ein Kompendium des gesamten jüdischen Wissens: von der Strafprozessordnung bis zur Körperpflege, von der Berechnung der Kreditzinsen bis zum Gebrauch von Musikinstrumenten.

Juden und Kultur

Sind die Juden eine *Rasse*?

Nein, und in der Wissenschaft wird dieser Begriff heute auch nicht mehr verwendet. Eine Einteilung der Menschheit in Rassen lässt sich biologisch nicht rechtfertigen. Molekularbiologische Untersuchungen belegen, dass die genetischen Unterschiede zwischen einzelnen Menschengruppen verschwindend gering sind. Der Rassenbegriff wird jedoch immer noch dazu benutzt, Verletzungen der Menschenrechte zu begründen. Genau dies verfolgten auch die Nazis mit ihren Nürnberger Rassengesetzen, die den Juden einen minderen Wert zuschrieben (vgl.: Allgemeines – Sind Juden degeneriert?, und: Juden und Religion – Gibt es Halbjuden und Vierteljuden?).

Die Juden sind andererseits nicht mit der jüdischen *Glaubensgemeinschaft* gleichzusetzen, da viele von ihnen vollkommen unreligiös sind. Eine *Nation* im Sinne des klassischen Staatsbegriffs sind die Juden aber auch nicht. Sie bilden (abgesehen von Israel) keine politische Gemeinschaft innerhalb einer Landesgrenze, lebt doch der Großteil von ihnen in verschiedenen Ländern über die ganze Welt verstreut.

Bleibt noch der Begriff *Volk* übrig. Die Juden sind ein Volk, das eine eigenen Sprache (hebräisch) hat, einen eigenen Glauben und eine eigene Geschichte. Das *jüdische Volk* ist nicht zu verwechseln mit der *israelischen Nation*, also den Menschen, die im Staat Israel leben. Juden in aller Welt sind nicht gleichzusetzen mit *Israelis*, können aber jederzeit nach Israel einwandern und die israelische Staatsbürgerschaft beantragen (vgl.: Juden und Israel – Sind Juden, die nicht in Israel geboren werden, israelische Staatsbürger?, und: Können Juden aus anderen Ländern jederzeit nach Israel einwandern?).

Weshalb gibt es so viele jüdische Wissenschaftler?

Schon im Altertum lernten die Juden die klassischen arabischen Disziplinen kennen: Die Medizin, die Mathematik und die Astronomie. Auch in der Physik und in der Chemie waren arabische Wissenschaftler damals führend. Mit der Eroberung Spaniens brachten die Araber (dort Mauren genannt) die Lehren griechischer Philosophen wie Platon und Aristoteles in den europäischen Kulturkreis. Sephardischen Juden, die in Spanien bis zu ihrer Auswanderung im 15. Jahrhundert mit den Muslimen zusammen lebten, waren häufig als Übersetzer tätig und trugen das Wissen weiter.

Den überragenden Wissenschaften der Araber stand im christlichen Europa ein Weltbild gegenüber, das noch stark geprägt war von Mythen und Aberglauben. Die Juden, durch ihre Erziehung ohnehin stärker intellektuell geprägt als die Christen, wurden zu Vorreitern der neuen Wissenschaften in Europa (vgl.: Allgemeines – Sind Juden intelligenter als Nichtjuden?). Jüdische Wissenschaftler hatten es später bei ihren Forschungen leichter, denn sie mussten nie jene anti-wissenschaftlichen Barrieren überwinden, die die kirchliche Dogmatik ihren nichtjüdischen Kollegen jahrhundertelang in den Weg legte. Wegen ihrer langen Tradition des Lernens und Wissens, die begabte junge Leute früh erkannte und förderte, standen die Juden den intellektuellen Berufen näher als handwerklichen und bäuerlichen. Vor diesem Hintergrund ist es nicht erstaunlich, dass z. B. in den 1930er Jahren ein Viertel aller Nobelpreisträger Juden waren.

Weshalb gibt es so viele jüdische Ärzte?

Aus drei Gründen: Erstens kannten die Juden die Medizin schon seit dem Altertum (siehe vorher). Auch durch ihre Religion hatten sie dazu eine enge Beziehung, enthält doch der Talmud viele Anweisungen zur Körperhygiene und zur Behandlung von Krankheiten. Mit der Zeit erlangte der Heilberuf bei den Juden Tradition. Seit dem Jahr 711, dem Beginn des „goldenen jüdischen Zeitalters in Spanien", waren sephardische Juden Hofärzte der maurischen Herrscher. Im Mittelalter hatten Ärzte häufig den Ruf eines Magiers; jüdischen

Ärzten, als Übermittler antiker und arabischer Wissenschaften, traute man Geheimlehren zu. Die ärztliche Beobachtungsgabe der jüdischen Leibärzte wurde nie beeinträchtigt durch die körperfeindliche Haltung des Christentums, die jahrhundertelang die Forschung beschränkte und so die Entwicklung einer leistungsfähigen Medizin verhinderte.

Zweitens mag die Selbstversorgung der Juden in der Diaspora ein Grund gewesen sein für die Beschäftigung mit dem Heilberuf. Sie wollten unabhängig von nichtjüdischen Ärzten sein, die nicht nur in der Regel schlechter ausgebildet waren, sondern bei denen sie auch immer mit Antisemitismus rechnen mussten. Die vielen Krankheiten und Leiden, die sich die Juden während ihrer jahrelangen Verfolgung zuzogen, entfachten ihr Interesse an medizinischen Fragen ganz von selbst – bei vielen wurde ein Beruf daraus.

Drittens kam ein praktischer Vorteil hinzu: Arzt war ein „Wanderberuf", den man überall ausführen konnte. Die Juden, oft auf der Flucht, brauchten einen Beruf, der ihnen in fremden Ländern möglichst schnell ein Einkommen sicherte.

Diese Traditionen verfestigten sich im Lauf der Jahrhunderte. Auch nach dem Mittelalter war Arzt ein Beruf, der sich jungen, begabten Juden empfahl.

Im Laufe des 19. Jahrhunderts wurden jüdische Ärzte als Wissenschaftler immer mehr anerkannt und zu Pionieren auf vielen Gebieten der Naturwissenschaft und Medizin. Einige bahnbrechende Entdeckungen und Behandlungserfolge gehen auf jüdische Mediziner zurück: Beispielsweise entdeckte der Pharmakologe und Serologe Paul Ehrlich (1854–1915), Begründer der experimentellen Medizin und modernen Chemotherapie, das erste wirksame Mittel gegen Syphilis. Weitere herausragende jüdische Wissenschaftler waren der Internist Ludwig Traube (1818–1876), der Pharmakologe Louis Lewin (1850–1929), der Bakteriologe August Wassermann (1866–1925) und der Orthopäde Julius Wolff (1836–1902). Im Jahr 1938 waren zwei Drittel der Wiener Ärzte Juden.

Weshalb gibt es so viele jüdische Professoren?

Aus den gleichen Gründen, weshalb es so viele jüdische Wissenschaftler gibt. Im Fall der Professoren kommt hinzu, dass Juden der Zugang zu Hochschulen lange verweigert oder zumindest erschwert wurde. Sie mussten im Durchschnitt bessere Noten erzielen als ihre nichtjüdischen Kommilitonen, um die gleichen Aufstiegsmöglichkeiten zu haben. Der Begriff „Numerus clausus" entstand Ende des 19. Jahrhunderts in Österreich, wo man versuchte, die Zahl der jüdischen Studenten per Gesetz auf etwa dreizehn Prozent eines Jahrgangs zu beschränken. Dies führte dazu, dass die Juden sich in der Wissenschaft stärker anstrengten, und zu einem „Run" auf Professorenstellen, als diese endlich für Juden freigegeben wurden (vgl.: Juden und Politik – Wurde Juden der Zugang zu amerikanischen Universitäten verweigert?).

Weshalb gibt es so viele jüdische Psychiater?

In der Geschichte der Psychoanalyse treten seit dem 19. Jahrhundert tatsächlich viele Juden auf. Nicht nur Sigmund Freud, sondern nach ihm auch Karl Abraham, Magnus Hirschfeld, Alfred Adler, Erich Fromm und andere. Die Juden neigten anscheinend besonders zu diesem Beruf. Im Grunde ist dies nicht erstaunlich. Schließlich mussten sie, bedingt durch Gefahr und Verfolgung, schon immer sehr genaue Beobachter ihrer Umwelt sein, also gute Diagnostiker. „Mit solchen Lebenserfahrungen kann man nur Krimineller oder Therapeut werden", witzelten die Juden selber. So wurden viele von ihnen führend in der Entwicklung von Psychoanalyse und Psychotherapie.

Weshalb gibt es so viele jüdische Journalisten?

Als im März 1848 in Wien die Zensur aufgehoben wurde, schlug die Geburtsstunde des „jüdischen Journalismus". Begabte jüdische Studenten der Unter- und Mittelschicht, die kein Geschäft übernehmen konnten oder wollten, wandten sich verstärkt diesem Beruf zu. Beamter zu werden erschien aussichtslos, Medizinern und Juristen

fehlte oft das Geld für eine eigene Praxis oder Kanzlei. Gleichzeitig erwachte in den Juden jetzt der Geist des Protestes und der Wunsch, den Diskriminierungen der Umwelt zu widersprechen. Gerade im Journalismus kam ihnen der von Kindesbeinen an gewohnte Umgang mit Wort und Schrift sehr entgegen. Durch das Studium von Tora und Talmud hatten sie ihr Denkvermögen hervorragend geschult (vgl.: Allgemeines – Sind Juden intelligenter als Nichtjuden?). So besaßen viele von ihnen besonders gute Voraussetzungen für diesen Beruf. Es war daher nicht erstaunlich, dass in der Literatur wie im Journalismus überproportional viele Juden tätig waren.

Diese Tatsache wurde den Juden bald vorgeworfen, denn es hieß, die Presse sei „verjudet". Besonders dann, wenn man anderer Meinung war. Obwohl sie die Juden mit Verboten und Gewerbebeschränkungen in spezielle Berufe hineingedrängt hatten, warfen die Nichtjuden ihnen jetzt vor, dass sie darin überdurchschnittlich vertreten waren.

Dem jüdischen Journalisten kam dabei alles zugute, was die Juden während ihrer jahrtausendelangen Verfolgung gelernt hatten. Es erwies sich als „ideale" Schulung für den neuen Beruf des Journalisten: Auch dieser musste Situationen blitzschnell analysieren und Personen richtig einschätzen können; er sollte Stimmungen aufgreifen, Lücken erspähen und Chancen nutzen; er musste Ablehnungen gleichmütig hinnehmen, Stolperfallen umgehen und Misserfolge wegstecken. Vor allem musste er hartnäckig bleiben und notfalls auf Umwegen zum Ziel kommen. Die feindliche Umwelt hatte die Juden jene Fähigkeiten gelehrt, die sie über Generationen weitergaben, weil sie zum Überleben wichtig waren.

Es gab auch noch andere Gründe für die Neigung der Juden zum Journalismus. Jahrhundertelang hatten sie Ungerechtigkeit und gesellschaftliche Benachteiligung, Unmenschlichkeit und Fremdenfeindlichkeit erlebt. Nun endlich bot sich ihnen die Chance, öffentlich dagegen aufzubegehren. So wurden jüdische Intellektuelle zu Vorkämpfern gegen Ungleichheit und Unfreiheit; Zeitungen, von jüdischen Redakteuren geprägt, wurden zur täglichen Lektüre des liberalen deutschen Bürgertums.

Weshalb gibt es so viele jüdische Schachspieler?

Schach ist eine Beschäftigung, die den Geist schult, ähnlich wie das Studium von Tora und Talmud. Am Sabbat dürfen die religiösen Juden nur beten und lernen und, laut rabbinischer Verfügung, Schach spielen.

In den Kaffeehäusern des 19. Jahrhunderts wurde nicht nur gelesen oder debattiert, sondern man gab sich auch dem Schachspiel hin. Schach wurde zum „jüdischen Sport", noch heute sind überdurchschnittlich viele Schachgroßmeister Juden.

Weshalb gibt es so viele jüdische Geiger?

Dies hat mehrere Gründe: Erstens ist eine Geige relativ handlich und lässt sich leicht verpacken und auf Reisen mitnehmen. Die Juden, traditionell auf der Flucht und auf Wanderschaft, konnten eine Geige leichter transportieren als beispielsweise ein Klavier.

Zweitens: Ein Streichinstrument überdurchschnittlich gut zu erlernen, erfordert spezielle Tugenden, die in jüdischen Familien schon immer hochgehalten wurden: Ausdauer, Hingabe und intellektuelle Auseinandersetzung mit der Musik. So entwickelte sich in jüdischen Gemeinden eine Tradition des Geigenspiels auf hohem Niveau.

Drittens waren Geigen nicht so teuer wie andere Instrumente und gerade die armen und kinderreichen Juden aus Osteuropa konnten sie sich eher leisten. Auch die Eltern von Yehudi Menuhin, dem berühmtesten jüdischen Geiger, stammten von der russischen Krim.

Der vierte Grund ist folgender: Viele Juden erfuhren jahrelang schmerzvolles Leid, wurden verfolgt und waren heimatlos. Diejenigen, die zum Musizieren neigten, drückten ihre Klage mit melancholischer Geigenmusik aus.

Haben die Juden das Kulturleben im 19. und beginnenden 20. Jahrhundert beherrscht?

Einige herausragende Namen der damaligen Kulturszene sind noch heute berühmt, wie: Heinrich Heine, Franz Kafka, Arthur Schnitzler und Stefan Zweig in der Literatur; Felix Mendelssohn-Bartholdy, Gustav Mahler, Jacques Offenbach, Arnold Schönberg in der Musik; Sarah Bernhardt und Max Reinhardt am Theater; Max Liebermann in der Malerei; Sigmund Freud und Alfred Adler in der Psychoanalyse; Ludwig Wittgenstein in der Philosophie.

Sie haben sich im Gedächtnis der Menschen erhalten, weil sie als Koryphäen ihres Fachs galten und die Öffentlichkeit besonders beeindruckten. So entstand der falsche Eindruck, Juden hätten zahlenmäßig das Kulturleben des 19. und beginnenden 20. Jahrhunderts beherrscht. Dass Juden Schriftsteller, Künstler und Gelehrte wurden, lag auch an den antisemitischen Vorurteilen, die ihnen in der Wirtschaft entgegenschlugen. Im Kulturleben glaubten sie diesen eher entgehen zu können.

Sind Juden zu Kunst nicht in der Lage?

Die Antisemiten warfen den Juden vor, sie besäßen keine Kreativität und ihre kulturellen Leistungen beschränkten sich nur darauf, nachzuahmen. Wegen des biblischen Verbots „Du sollst dir kein Bildnis machen" beschäftigten sich Juden bis zur Zeit der Aufklärung im 18. Jahrhundert kaum mit bildender Kunst. Bis dahin blieb die Malerei meist reduziert auf das Kleinformat der Buchillustration. Auch hatten Juden während der Jahrhunderte der Verfolgung wenig Muße gehabt, eine eigene Formensprache der darstellenden Kunst zu entwickeln. Dass dies keineswegs an einem Mangel an Talent lag, beweisen so berühmte Namen wie Camille Pissarro, Max Liebermann, Amedeo Modigliani und George Grosz.

Ist Jiddisch eine Gaunersprache?

Nein, das Jiddische ist eine Art Dialekt, ein mittelalterliches Deutsch, das mit hebräischen Wörtern angereichert ist. Es entstand

als Schriftsprache Ende des elften, Anfang des zwölften Jahrhunderts in Deutschland. Man druckte Kindergeschichten für Frauen, die das hebräische, aber nicht das lateinische Alphabet lesen konnten. Diese Bücher erschienen auf Mittelhochdeutsch mit hebräischem Alphabet.

Man unterscheidet zwei Arten des Jiddischen: Westjiddisch und Ostjiddisch. Das *Westjiddisch* war gegen Ende des 18. Jahrhunderts fast ausgestorben. Nur in Süddeutschland blieben davon regionale Sprachinseln übrig bis Anfang des 20. Jahrhunderts. Das *Westjiddisch* hatte Ähnlichkeiten mit dem Fränkischen und ist in der Liturgie, die *jeckische* (deutsche) Juden verwenden, noch heute in der Aussprache fragmentarisch erhalten.

Was sonst als Jiddisch bekannt ist, ist das so genannte *Ostjiddisch*. Die aschkenasischen Juden, im Mittelalter aus Deutschland nach Polen, Litauen und Russland vertrieben, nahmen das Deutsch mit, das sie in den Rheingegenden gesprochen hatten. In Osteuropa konnte sich dieses Idiom nicht zum Hochdeutsch weiterentwickeln. Dafür kamen polnische und russische Sprachelemente hinzu. Mit der Flucht vor den russischen Pogromen, Ende des 19. bzw. Anfang des 20. Jahrhunderts, wurde das Jiddische wieder nach Deutschland „reimportiert". Für Nichtjuden klang das Jiddische gegenüber der modernen deutschen Sprache natürlich stark verfremdet. Man betrachtete es zunächst sogar als Fremdsprache. Wegen der sonstigen Vorurteile, die man gegen die Juden hegte, kriminalisierte man es schließlich als Gaunersprache.

Mit der Auswanderung nach Amerika wurde das Jiddische „exportiert". Dort gibt es sogar einen jiddischen Rundfunksender und im New Yorker Stadtviertel Brooklyn kann man noch Leute Jiddisch sprechen hören.

Weshalb enthält die Gaunersprache *Rotwelsch* viele jiddische Ausdrücke?

Tatsächlich ist *Rotwelsch* (oder *Jenisch*), die Sprache der deutschen Gauner und fahrenden Spielmänner (Vaganten), mit hebräischen Wörtern stark durchsetzt. Hinzu kommt, dass diese Gaunersprache mit codierten Handzeichen arbeitet. Weil auch die Juden

sehr lebhaft mit den Händen gestikulieren (vgl.: Allgemeines – Reden die Juden wirklich so viel mit den Händen?), schrieb man das *Rotwelsch,* wegen seines fremden Klangs und des Mauschelns, ihnen zu. Unter *Mauscheln* (Verballhornung des jiddischen *Mammeloschen* = Muttersprache) verstand man eine melodisch-nuschelnde Sprechweise, die böse und betrügerische Absichten unverständlich machen sollte. Es war die Sprache der Gauner, Ganoven und Geheimniskrämer; der Spitzbuben und Spießgesellen; die Sprache von Räubern, Zigeunern und Obdachlosen – eine Sprache des umherziehenden Volkes. Ab dem Mittelalter durften in Deutschland nur die Erstgeborenen gegen hohe Zahlungen in den Städten leben. Die jüngeren Söhne mussten die Stadt verlassen und zogen als Trödler und Hausierer durchs Land. Auf der Landstraße oder im Wald kamen sie in Kontakt mit Vagabunden, Gaunern und Räubern. Dadurch gelangten jiddisch-hebräische Wörter in die Geheimsprache der nichtjüdischen Landsleute.

Auch gab es Juden, die sich kriminellen Gruppen anschlossen, besonders im 19. Jahrhundert in Europa und im ersten Drittel des 20. Jahrhunderts in den USA. Im Unterschied zur Außenwelt waren die Juden in diesen Gruppen gleichberechtigt. Dort haben sie jiddische Ausdrücke gebraucht, die zum Teil in die Umgangssprache eingegangen sind. Beispiele hierfür sind: Schmiere stehen, *Zores* (Sorgen), *Beisel* (kleines Wirtshaus) und Ganove (von *ganab* = er hat gestohlen).

Juden im Mittelalter

Weshalb sonderten sich die Juden von den Christen ab?

Seit der Entstehung des Judentums (2. Buch Mose) gab es Auseinandersetzungen zwischen denjenigen, die das Judentum öffnen wollten, und denen, die sich dagegenstellten. Die strengen Regeln des Talmud dienten dazu, das Judentum in einer fremden und feindlichen Umwelt als Einheit zu erhalten. Ein überall geltendes Gesetz hielt das Volk Israel in der Diaspora zusammen, ganz gleich wo sich die Juden gerade aufhielten. Zur Absonderung im Alltag trugen später fünf Gründe bei:

Erstens wollte man in der Nähe einer Synagoge wohnen, weil man am Sabbat und an den vielen jüdischen Feiertagen wegen des biblischen Ruhegebots nicht fahren durfte (Autofahren gilt in diesem Zusammenhang als Arbeit, und die ist am Sabbat nicht erlaubt).

Zweitens war entscheidend, dass man in der Nachbarschaft Metzger und Bäcker hatte, die die religiösen Speisevorschriften einhielten (vgl.: Juden und Religion – Warum dürfen Juden kein Schweinefleisch essen?, und: Weshalb befolgen Juden so merkwürdige Speisevorschriften?).

Drittens konnten fromme Juden ihren rituell geprägten Alltag unter Andersgläubigen nicht leben. Zumal die meisten Christen den unbekannten Sitten und Gebräuchen der Juden mit Unbehagen, Misstrauen und Ablehnung begegneten.

Viertens kam hinzu, dass man sich in einer jüdischen Umgebung geschützter fühlte, als wenn man als einziger Jude in der Nachbarschaft der christlichen „Nächstenliebe" ausgesetzt war (vgl.: Juden im Mittelalter – Wohnten in den Judengassen nur Juden?).

Fünftens konnten die Juden in der Isolation des Ghettos Kraft schöpfen, um die jahrtausendelange Feindschaft ihrer Mitmenschen zu ertragen.

Wohnten in den Judengassen nur Juden?

Die Judengassen erhielten ihren Namen aus dem gleichen Grund wie die Metzger-, Fischer-, Schuster-, Schneider- oder Schmiedegassen: Sie wurden nach den Handwerkern und Gewerbetreibenden benannt, die überwiegend in dieser Straße wohnten. Auch die jüdischen Trödler ließen sich, wie die Mitglieder der Zunftgewerbe, nebeneinander in denselben Gassen nieder. Der Name Judengasse, in manchen Städten auch Trödlergasse genannt, rührt also daher, dass viele, aber nicht nur Juden in dieser Gasse wohnten.

Mussten alle Juden einer Stadt in diesen Gassen wohnen?

Nein, im Mittelalter konnten die Juden zunächst ihre Wohnung frei wählen und sich jederzeit in der ganzen Stadt frei bewegen. Die Juden suchten die Nachbarschaft zu ihresgleichen genauso wie andere Gruppen, und die besonderen jüdischen Religions- und Lebensvorschriften verstärkten diese Neigung sogar noch. Gezwungen waren sie dazu jedoch nicht. Zwar wohnten die meisten Juden in der Judengasse oder in deren Nähe, es wohnten aber auch Christen dort.

Weshalb entstanden die Ghettos?

Sie entstanden, weil die Kirche forderte, Juden aus der bürgerlichen Gemeinschaft auszuschließen. Die Jahrhunderte der Kreuzzüge von 1096 bis 1270 veränderten die Stellung der Juden völlig: Sie verloren ihren Schutz durch die Bischöfe, wurden jetzt als Konkurrenten der heimischen Kaufleute gehasst und waren geächtet und schutzlos. Die Päpste Alexander III. und Innozenz III. beschlossen auf dem dritten und vierten Laterankonzil, 1197 und 1215, einschneidende Maßnahmen gegen die Juden: Strenge Ausgrenzung der Juden aus der bürgerlich-christlichen Gesellschaft, die über deren freiwillige Absonderung hinausging. Juden erhielten Ämterverbot und wurden zu Kleidungsmerkmalen gezwungen. Das offizielle Kennzeichen der Juden des Mittelalters wurde eingeführt: der gelbe

Judenhut (vgl.: Allgemeines – Kann man Juden an ihrem Äußeren erkennen?). In den Städten legte man nun die historisch gewachsenen Judengassen und Judenviertel buchstäblich in Ketten, versah sie mit Mauern, Toren und Bewachung – das Ghetto war geboren.

Mussten alle Juden im Ghetto wohnen?

Wo es ein Ghetto gab, mussten alle Juden einer Stadt darin wohnen und durften es nur tagsüber verlassen. Außerhalb mussten sie bestimmte Kennzeichen an ihrer Kleidung tragen, damit man sie als Juden erkennen konnte. Das Leben im Ghetto ermöglichte ihnen aber auch, relativ ungestört ihren Gewohnheiten nachzugehen und ihre Religion und Gebräuche auszuüben. So bedeutet das Ghetto für die Juden einen gewissen Schutz, diente ihnen als Ruhe- und Rückzugsraum gegenüber der feindseligen Umwelt.

Erst die französische Revolution und der Liberalismus in der zweiten Hälfte des 19. Jahrhunderts bewirkten, dass das Ghetto allmählich abgeschafft wurde und machte die Juden formal zu vollwertigen Bürgern. Mit dem beginnenden Industriezeitalter verbesserte sich ihre soziale und materielle Situation. Im Jahr 1870 wurde unter König Victor Emmanuel II. gegen den Willen von Papst Pius IX. in Rom das letzte Ghetto aufgelöst.

Sind Juden unehrlich?

Obwohl sich Handel und Wirtschaft zunehmend entwickelten, entstand in den Städten des Mittelalters außer Reichtum auch Armut. Die kleinen Handwerker, die, ohne Gesellen und Lehrlinge, sich durch ihrer Hände Arbeit ernährten, bildeten nicht die Unterschicht. Noch unter den Kleinhandwerkern stand die Schicht der „unehrlichen" Leute: die Erwerbslosen, Gebrechlichen und Bettler.

„Unehrlich" bedeutete damals nicht betrügerisch, diebisch oder unseriös in Geldsachen, sondern „nicht ehrbar".

Damit bezeichnete man jene Stadtbewohner, die kein „ehrbares", das hieß kein *zünftisch organisiertes* Gewerbe betrieben, sondern ein Gewerbe, das außerhalb der Zunftordnung stand und anrüchig oder verächtlich war.

Hierzu gehörten: die Scharfrichter, Totengräber, Schäfer, Nachtwächter, Stadtbüttel und Stadtknechte, die Feldhüter, Schiffs-, Fuhr- und Pferdeknechte sowie die Gaukler und Spielleute. In manchen Städten zählten zu diesen Unehrlichen und Zunftlosen auch noch die Leinenweber (nicht die Woll- und Seidenweber), die Bader und Badediener in den öffentlichen Badestuben, die Bartscherer und die Müllerknechte.

Außerdem galten Arbeiter, die kein Gewerbe erlernt hatten und schwere körperliche Gelegenheitsarbeit verrichten mussten, als „unehrliche" Leute: Tagelöhner, Ackerknechte, Lastträger, Speicherarbeiter, Warenablader und ungelernte Markthelfer. Unter dieser Schicht standen schließlich die Bettler, die von Unterstützung und Almosen lebten und die erwerbslosen Gebrechlichen.

Weil die Zünfte keine Söhne von „nicht ehrbaren" Gewerbetreibenden als Lehrlinge akzeptierten, verweigerten sie auch die Aufnahme der Söhne jüdischer Geschäftsleute, die ein Pfandleih- und Trödelgeschäft betrieben. Dieses galt ebenfalls als ein „unehrliches" Geschäft.

Weshalb sind so viele Juden im Handel tätig?

Die entscheidende Anordnung der Päpste auf dem vierten Laterankonzil 1215 bedeutete den Ausschluss der Juden von öffentlichen Ämtern, von den landwirtschaftlichen und vielen handwerklichen Berufen. Ein Jude konnte nicht Meister werden und christliche Handwerker nahmen keine jüdischen Lehrlinge auf. Nur Bäcker und Metzger waren von der Regelung ausgenommen, da sie für die Nahrungsversorgung einer jüdischen Gemeinde notwendig waren.

Die große Ausnahme von diesen Verboten war der Handel, er blieb den Juden weiterhin erlaubt. Wollten sie ein Auskommen haben, blieb ihnen also nichts anderes übrig, als sich dieser Branche zuzuwenden. Zunächst zogen sie als Hausierer mit Kleinwaren (Nothandel) durchs Land. Im elften und zwölften Jahrhundert traten sie in den Rhein-Gegenden auf als Jahrmarkts- und Messehändler. Sie kauften Gewürzwaren, Kunstgegenstände, feines Gewebe und Schmuck auf großen Jahrmärkten und Einfuhrhäfen in entfernten Städten und verkauften die Ware auf Märkten und Messen in

kleineren, entlegenen Orten. Ebenso waren sie Vermittler zwischen fremden Händlern, heute würde man sagen Handelsvertreter. Ärmere Juden gelangten auf Messeplätzen wie Köln ins Kommissionsgeschäft. Hatte ein Jude nicht genügend Geld, um selbst Waren für Messen zu kaufen, ersuchte er größere Händler (Juden oder Christen), ihm Waren zum eigenen Verkauf zu überlassen. Der Gewinn wurde dann geteilt. Über die Jahrhunderte hat sich herauskristallisiert, dass die Juden im Handel sehr erfolgreich waren. Aus der Not, keinen Zunftberuf ausüben zu dürfen, wurde also eine Tugend.

Waren die Juden schon immer ein Händlervolk?

Nein, die Juden waren lange Zeit Ackerbauern und Viehzüchter. Ihre Zerstreuung hatte ja bereits vor dem babylonischen Exil im 6. Jahrhundert v. Chr. begonnen, als Ölpflanzungen und Getreideanbau nicht mehr alle ernähren konnten. Sie waren von Anfang an kein Händlervolk gewesen und nahmen im Altertum auch keine bedeutende Stellung im Handel ein. Die internationalen Kaufleute des Altertums waren die Phönizier, die Syrer und die Griechen – nicht die Juden.

Größeren Handel begannen diese erst im sechsten Jahrhundert v. Chr. unter König Salomo mit dem Bau einer Flotte. Die Phönizier waren in Handel und Schiffsbau viel erfahrener; die Juden mussten von ihnen die neuen Gewerbe erst lernen.

Zum richtigen Händlervolk wurden die Juden dann während des babylonischen Exils. Als Bauern konnten sie sich nicht niederlassen, da Grund und Boden in festem Besitz waren. Als Ungelernte hatten sie im Handwerk wenig Aussicht auf Erfolg. Außerdem gab es in Babylon bereits eine jahrhundertealte Handwerkstradition und viele Konkurrenzprodukte aus indischen Handwerksbetrieben. Der Handel blieb als einzige Möglichkeit, und Babylon konnte Kaufleute gut gebrauchen, denn die Stadt war Durchgangsstation zwischen Ost und West und wichtigster Warenumschlagplatz des Orients. Dass Teile des Talmud aus jener Zeit die Gesetze des Handelsrechts sehr ausführlich erläutern, ist ein Indiz dafür, dass diese Tätigkeit damals den Juden neu war und die Regeln festgehalten werden mussten (vgl.: Juden und Religion – Enthält der Talmud Aufforderungen zu

Straftaten?). Nach der Rückkehr aus dem babylonischen Exil im Jahr 538 v. Chr. war es ihnen wieder möglich, Landwirtschaft zu betreiben oder ihr Handwerk auszuüben.

Im Mittelalter mussten sich die Juden dann wegen der Zunft- und Ämterverbote wieder einen neuen Erwerb suchen. Als Ersatz für die ihnen versperrten Gewerbe wählten sie den Warenhandel. Die Armen unter ihnen griffen zu dem Klein- und Altwarenhandel (Trödelhandel), den die Christen als primitives „Schachern" verachteten. Im Mittelalter wurde das Händlertalent der Juden durch gesellschaftliche und politische Umstände erst herausgebildet.

Wie kamen die Juden zum Geldgeschäft?

Die Tätigkeit der Juden im Jahrmarkts- und Messehandel dauerte bis ins 14. Jahrhundert, wo sich nach dem Handel das Geldwechselgeschäft und der Geldverleih entwickelten. Nun wandten sich die Juden diesem neuen Erwerbszweig zu. Schon im 13. Jahrhundert hatten sie als Geldwechsler den Messehändlern das mitgebrachte fremde Geld in einheimische Münze umgetauscht. Manchen Händlern streckten sie bereits Geldbeträge vor. Jetzt wurde der Geldwechsel immer mehr zu ihrem Hauptgeschäft. Nun als „Wucherer" verschrien, fanden sie erst recht keine Aufnahme in die Kaufmannsgilden. Zwar enthielten die Satzungen nicht immer das *direkte* Verbot, jüdische Warenhändler aufzunehmen, aber keine Gilde von Ansehen wollte einen jüdischen „Wucherer" unter ihren Mitgliedern haben und deswegen von „ehrbaren" Kaufleuten verachtet werden.

Im 13. Jahrhundert erließ die katholische Kirche das „kanonische Zinsverbot". Bisher waren die reichen Klöster und Stifte die Kreditgeber der Wirtschaft gewesen; sie waren die Gläubiger des Kaisers, der Fürsten und Landgrafen und der kleinen Leute. Der bedeutendste Kirchenlehrer des Mittelalters, Thomas von Aquin, erkannte jedoch, dass die Zinsknechtschaft hauptverantwortlich war für den Widerstand der Menschen gegen die Kirche: Seit jeher wird der Gläubiger von seinen Schuldnern gehasst.

So setzte die Kirche das kanonische Zinsverbot durch. Klöster und Stifte fielen dadurch als Geldverleiher aus, und die Juden sprangen in die Bresche. Sie drängten zum Geldgeschäft und wurden ge-

drängt, bald war es ihr Monopol. Nachdem der Handel für sie immer unsicherer wurde und man sie dort anfeindete, machten sie aus ihren Handelskontakten eine internationale Kreditkette. Auch wenn viele christliche Geschäftsleute es mit dem Zinsverbot nicht allzu genau nahmen, galt es doch als Sünde und als verächtlich. Da den Christen das Zinsnehmen durch die Kirche untersagt war, wurde das Geldgeschäft zwangsläufig zu einem Gewerbe der Juden.

Sind Juden „Wucherer"?

Wuchern war im Mittelalter noch ein wertfreier Begriff und bedeutete lediglich: Geld gegen Zinsen ausleihen. Erst später bekam das Wort *Wuchern* die Bedeutung von *Gewinnsucht*. Die Wörter *Jude* und *Wucherer* wurden oft gleichbedeutend verwendet, weil wegen des christlichen Zinsverbotes nur Juden offiziell Geldgeschäfte tätigen durften (vgl.: Juden im Mittelalter – Wie kamen die Juden zum Geldgeschäft?). Weil Kredit damals überwiegend Konsumentenkredit war, mussten die Zinsen für heutige Begriffe tatsächlich in „Wucher" ausarten, und zwar aus drei Gründen: Ein hohes Risiko traf auf Kapitalknappheit und den im Mittelalter mangelhaft organisierten Kapitalmarkt.

Deutsche Kaiser wie Friedrich II. wussten, wie wichtig Juden als Finanziers waren, und bevollmächtigten sie zu Zinssätzen von 170 Prozent. Zinsen von 100 bis 200 Prozent pro Jahr galten als angemessen und wurden von der Obrigkeit geduldet. Der Städtetag in Mainz genehmigte im Jahr 1255 Zinsen in Höhe von zwei Dritteln der Kreditsumme als landesüblich. Oft wurden schon für eine Leihdauer von wenigen Monaten 50 bis 100 Prozent Zinsen gefordert.

Für Briefschulden – also Schulden, die nicht durch ein Pfand, sondern nur durch einen Schuldschein gesichert waren – musste der Kreditnehmer auf dem Schuldschein den dreifachen Betrag quittieren, den er erhalten hatte. Die „Wucherzinsen" des Mittelalters verlangten *alle* Geldverleiher, nicht nur die Juden, und solche Zinsen waren damals auch nötig. Heutige Zinssätze wären im Mittelalter ein Hasardspiel gewesen und hätten jeden Kaufmann in den Ruin getrieben. Europa war ständig durchzogen von Kriegen, Fürstenfehden und Raubzügen, und es war sehr unsicher, ob der Gläubiger sein

Geld jemals wiedersah. Hohe Zinsen mussten dieses Risiko ausgleichen. Auch war es für Kaufleute wenig sinnvoll, ihr Kapital billig zu verleihen, wenn es im eigenen Geschäft eine höhere Rendite erwirtschaften konnte.

Noch bis ins 18. Jahrhundert war Geld ein sehr knappes Gut. Für die einfachen Leute waren die Juden die einzigen Geldgeber. Kirche und Landesherrn belasteten sie mit hohen Abgaben, so dass sie kaum für Notzeiten vorsorgen konnten. Die Juden gaben auch dann noch kleine Pfandkredite, wenn für den Schuldner alle anderen Möglichkeiten erschöpft waren.

An vielen Orten erfüllten Juden nämlich eine typische Funktion: Sie brachten die Waren von der Stadt aufs Land, die Bauern kauften bei ihnen, was sie nicht selber produzierten, und ließen oft anschreiben. Bei den Juden lieh man sich Geld und mancher verpfändete seinen Weingarten. Wurde dann die Rückzahlung fällig, war der zuvor hofierte Jude der verhasste Wucherer. Auch machte sich mancher bauernschlaue Schuldner das Pfandleihgeschäft der Juden zunutze, um Pfändungen christlicher Gläubiger zu unterlaufen. Bis ins 19. Jahrhundert konnten nämlich jüdische Gläubiger ihre Rechtsansprüche gegen Nichtjuden sehr viel schwieriger durchsetzen als christliche Gläubiger.

Gerade in der Unterschicht war es üblich, seinen Besitz, bestehend aus Arbeits- und Haushaltsgeräten, den Juden zu verpfänden. So war man geschützt vor dem Zugriff der christlichen Gläubiger wie Steuereintreibern, Hauswirten oder Kaufleuten. Die Not der armen Landbevölkerung ließ es kaum zu, dass die „wuchernden Juden" sich an ihr bereicherten. Über zwei Drittel der Forderungen, die jüdische Geldverleiher ausstehen hatten, waren uneinbringbar. Keinesfalls konnten jüdische Kreditgeber die Christen von sich wirtschaftlich abhängig machen, wie es die Antisemiten behauptet haben.

Sind Juden hartherzig und skrupellos?

Dieses Klischee beruht auf der Erfahrung, dass jüdische Gläubiger ihre Kredite bei den Schuldnern in der Regel ohne Rücksicht auf deren Situation eintrieben. Dies als Hartherzigkeit zu bezeichnen, geht jedoch an der Realität vorbei: Es ging dabei nicht um Nachsicht

oder Wohlwollen, sondern es ging für die Gläubiger um das eigene Überleben. Welcher Bankier kann es sich erlauben, seinen Kreditnehmern aus lauter Menschenfreundlichkeit ihre Schulden samt Zinsen zu erlassen?

Weshalb liehen sich die Bürger bei den Juden immer wieder Geld?

Die Juden hatten eine besondere Tradition im Umgang mit Geld, weil es die einzige „Handelsware" war, die ihnen blieb. Am Geld selbst durfte nicht manipuliert werden. Auch der gnadenloseste Geldverleiher war von absoluter Ehrlichkeit. Er vereinnahmte zwar „Wucherzinsen" und trieb ohne Rücksicht auf Verluste die fällige Summe ein, zu der ihn der Schuldschein berechtigte, aber er hielt sich auch dann an die Bedingungen, wenn sie für ihn nachteilig waren, und er betrog seine Kunden nicht. Das wussten auch die Schuldner der Juden und kamen deshalb immer wieder. Die Juden wussten nur zu gut, dass sie geschäftlich erledigt gewesen wären, hätte man ihnen auch nur die kleinste Unredlichkeit nachgewiesen. Vor Gericht standen sie ohnehin weitgehend rechtlos da (vgl.: Allgemeines – Weshalb vermieden die Juden nichtjüdische Gerichte?). Ihr ganzes Geldleihgeschäft war auf Vertrauen aufgebaut.

Weshalb wurden die „Wuchergeschäfte" von den Fürsten geduldet?

Die Fürsten oder Landesherren standen den Geschäften der Juden wohlwollend gegenüber, denn so kamen sie an Geld, um Handelsgeschäfte abzuschließen und Bauvorhaben zu verwirklichen. Beim einfachen Volk hingegen galten die Juden als „fremdes Gesindel", das unter ihnen lebte, Handel und Geschäft „verdarb" und die Bürger und Bauern „ausbeutete", bis diese an den „Wucherzinsen" zugrunde gingen. Dabei waren die hohen Zinsen die einzige Möglichkeit, das Risiko des Geldverleihens zu übernehmen.

Die christlichen Geldgeber „wucherten" nach der Aufhebung des Zinsverbotes genauso wie ihre jüdischen Konkurrenten, waren jedoch nicht zu solchen Risiken bereit. Den verschwenderischen

Landesfürsten Kredit einzuräumen, erforderte jedoch hohe Risikobereitschaft und somit hohe Zinsen. Die Fürsten waren sehr unzuverlässige Kunden und trieben ihre Gläubiger häufig in den Ruin. In Wirklichkeit waren es nicht die jüdischen Geldverleiher, die das Volk mit hohen Kreditzinsen ausbeuteten, sondern die Landesherren und die staatliche Obrigkeit, die von ihren Untertanen überhöhte Abgaben verlangten.

Die Juden waren nur bereit gewesen, die ungeliebte Vermittlerrolle im Geldgeschäft zu übernehmen.

Wie war die Reaktion der Bürger auf diese Situation?

Lange Zeit galten die Juden als nützliche Lieferanten, sogar als unentbehrlich. Später sah man in ihnen nur noch die lästigen Konkurrenten und verpönten Geldverleiher, bei denen man tief verschuldet war. Den Kredit nahm man gerne in Anspruch, doch wenn es an die Rückzahlung ging, kamen die alten Vorurteile zum Vorschein. Die Kreditgeber, zuvor hofiert, wurden jetzt zu verhassten „Wucherern". Der „gottgewollte" Antijudaismus, den die Kirche dem einfachen Volk predigte, tat ein Übriges.

Die Bürger der Städte konnten den erlangten Wohlstand der Juden nur als das Ergebnis dubioser Methoden sehen. Für den nichtjüdischen Kaufmann lagen die Fakten auf der Hand: Juden ließen sich auf Geschäfte ein, um die jeder ehrbare Kaufmann einen großen Bogen machte, weil sie ihm zu riskant erschienen. Brachten solche Geschäfte dennoch Gewinn, konnte es nicht mit rechten Dingen zugegangen sein.

Wie kamen die Juden in den Besitz von Kirchenschätzen?

Nicht nur die Herrscherhöfe hatten einen enormen Geldbedarf, sondern auch die Kirchen. Die Abgaben der Gläubigen allein reichten nicht aus, um die großen Gotteshäuser und Klöster zu bauen und den ständig wachsenden Kirchenapparat zu versorgen.

Kardinäle und Bischöfe, denen christliche Finanziers wegen des Zinsverbotes nichts mehr leihen durften, mussten Kredite bei Juden

aufnehmen und beauftragten manche von ihnen sogar mit der Verwaltung des kirchlichen Vermögens. Weil ihre wirtschaftliche Existenz sehr unsicher war, mussten jüdische Finanziers die höchsten Sicherheiten verlangen. So versetzten manche Bischöfe ihre Kirchenschätze, um etwa eine Rhein-Brücke zu bauen, und Juden gelangten in den Besitz kirchlicher Geräte und Gewänder. Auch Silberschalen, Goldpokale, Juwelen, Perlenhalsbänder und wertvolles Kristall wurden ihnen als Pfandgegenstände übereignet.

Woher hatten die Juden das Geld, das sie verliehen?

Bevor sich die Juden auf den Geldverleih verlegten, hatten sie sich meist durch den Handel einen Grundstock an Kapital erwirtschaftet. In Fällen, in denen ihr eigenes Kapital nicht ausreichte, schlossen sie Besitz von Verwandten und Bekannten zu Konsortien zusammen. Das Geld, das sie Klöstern und Bistümern gegen Pfand liehen, stammte oft von anderen Klöstern und Stiften. Wegen des kanonischen Zinsverbots war es den Kirchen ja nicht erlaubt, aus ihrem Kapital selbst Zinsgewinne zu erzielen. Die Juden übernahmen in diesen Fällen also eine reine Vermittlertätigkeit.

Auch der Adel vertraute den so genannten „Schutzjuden" sein Vermögen zur Verwaltung an (vgl.: Juden im Mittelalter – Standen die Juden unter dem Schutz der Landesfürsten?). Im 13. bis 15. Jahrhundert fand man unter ihnen die einzigen erfahrenen Steuerpächter. Große Städte verpachteten ihre Einnahmen an Juden, die die Steuern dann erheben mussten. Auch die Mauren in Spanien bedienten sich dieser Methode. Gegen Pauschalbeträge übertrugen sie die Verwaltung ganzer Gebiete an jüdische Steuerpächter. Diese durften ihre Zahlungen, die sie an die Herrscher geleistet hatten, danach wieder mit Gewinn vom Volk eintreiben.

Weshalb waren sogar Rabbiner im Geldgeschäft?

Der *Rabbi* (= Lehrer) ist der geistliche Gelehrte und Vordenker jeder jüdischen Gemeinde. Er übt von Rechts wegen keinen anderen Beruf aus, und es die Pflicht der Gemeinde, für seinen Lebensunterhalt zu sorgen, damit er sich ganztags dem Lernen und Lehren

widmen kann. Viele kleine Gemeinden waren jedoch zu arm, um ihren „Rebbe" zu erhalten. So blieb diesem nichts anderes übrig, als ebenfalls vom Geldgeschäft zu leben.

Wie kamen die Juden zum Pfandleih- und Trödelgeschäft?

Aus dem Geldgeschäft der Juden entwickelte sich ganz von selbst das Pfandleih- und Trödelgeschäft. Die meisten Gläubiger mussten als Sicherheit einen Pfandgegenstand hinterlegen. Dieser war meistens ein Faustpfand, also ein Gegenstand, den man in die Hand nehmen und an anderer, sicherer Stelle hinterlegen konnte. Dies war deswegen nötig, weil Juden häufig verfolgt wurden und ihren Wohnsitz wechseln mussten. Oft wurden diese Pfandgegenstände zur Verfallszeit nicht ausgelöst und der zugrunde liegende Kredit wegen der hohen Zinsen auch nicht verlängert. Dann fielen sie Kraft Gesetz dem Pfandleiher zu.

Nur wenige Behörden verlangten, dass die Pfandgegenstände noch einige Zeit aufbewahrt und unter städtischer Aufsicht öffentlich angeboten wurden. So besaß der Pfandleiher mit der Zeit eine Menge Gegenstände, für die er selbst wenig Verwendung fand. Er bot sie zum Verkauf an, indem er ein Trödelgeschäft eröffnete.

Weshalb waren sogar jüdische Ärzte im Pfandleihgeschäft?

Im Mittelalter gab es unter den Ärzten viele Juden (vgl.: Juden und Kultur – Weshalb gibt es so viele jüdische Ärzte?). Den mittellosen Patienten, die ihre Behandlung nicht mit Geld bezahlen konnten, blieb nichts anderes übrig, als einen Gegenstand als Bezahlung anzubieten.

Weshalb waren die Juden im Handel und im Geldgeschäft so erfolgreich?

Aus drei Gründen.
Erstens, durch eine günstige Wende in der Geschichte. Die Wirt-

schaft wechselte vom Tauschhandel zum Geldverkehr zu einem Zeitpunkt, als Papst Innozenz III. die Verurteilung der Geldwechsler durch Jesus Christus zum Anlass nahm, das Geld- und Zinsgeschäft zu verdammen. Auf diese Wende waren jüdische Kaufleute am besten vorbereitet. Sie verfügten in Geschäftsdingen über viel Wissen, denn Wissen war das Einzige, das sie über die Jahrhunderte auf der Flucht problemlos mitnehmen hatten können. Da man ihnen die vollen Bürgerrechte verweigerte, durften sie keine Immobilien erwerben. Aus den Zünften waren sie ohnehin ausgeschlossen. Diese Umstände bewirkten, dass sie Geld- und Handelsgeschäfte machen *mussten* und auch *konnten*.

Zweitens blieben sie durch ihr kosmopolitisches Leben geistig rege und wachsam, waren notgedrungen darauf trainiert, sich fremden und wechselnden Verhältnissen schnell anzupassen. So waren Juden im Denken und Handeln flexibler als manche Nichtjuden.

Drittens wegen ihrer Sprachkenntnisse: Ohne Fremdsprachenkenntnisse gab es keinen Geschäftserfolg. Sie waren bereit, die Sprache der Länder zu lernen, in denen sie lebten. Jüdische Händler verfügten traditionell über gute Beziehungen zu anderen Juden im In- und Ausland. Außer der jeweiligen Landessprache blieb ihnen auch immer die hebräische Sprache, um sich zu verständigen.

Sind Juden „Blutsauger"?

Der Vorwurf zielte auf die Zinsgeschäfte der Juden (vgl.: Juden im Mittelalter – Sind Juden Wucherer?). Es hieß, sie würden mit ihren „Wucherzinsen" das Volk aussaugen, bis aufs Blut (daher Blutsauger). Das Pfandleihgeschäft stachelte den Hass der Bürger gegen die Juden an (vgl.: Juden im Mittelalter – Wie kamen die Juden zum Pfandleih- und Trödelgeschäft?). Die notleidenden Bürger, von der Obrigkeit ausgebeutet, brauchten dringend Geld und trugen ihr letztes Hab und Gut zum Juden. Konnten sie später ihre Schulden nicht bezahlen, wurden die verfallenen Pfänder eben wie vereinbart im Trödelladen verramscht. So kam der Vergleich zustande in Shakespeares „Kaufmann von Venedig": Der Jude Shylock schneidet darin seinen Schuldnern „das Fleisch aus dem Leib", um sein Geld wieder zu bekommen. Aber hätten die Juden aus Mitleid und Men-

schenfreundlichkeit etwa ihr Geld verschenken und auf die Rückzahlung verzichten sollen (vgl.: Juden im Mittelalter – Sind Juden hartherzig und skrupellos?)?

Theologisch untermauert wurde das Klischee durch den christlichen Antijudaismus, der den Juden die Rolle des Blutsaugers zuschrieb, weil sie angeblich das Blut von Kindern zur Herstellung ihres ungesäuerten Brotes verwendeten (vgl.: Juden und Religion – Besteht *Mazze*, das Brot der Juden, aus Blut?, und: Begingen die Juden aus religiösen Gründen Ritualmorde?).

Sind Juden Hehler?

Der Trödelhändler beschränkte sich bald nicht mehr darauf, nur Pfandgegenstände, die nicht eingelöst wurden, zu veräußern. Er kaufte von in Not geratenen Bürgern gebrauchte Gegenstände auf, handelte den Kaufleuten und Handwerkern fehlerhafte oder unmoderne Waren zu billigen Preisen ab und übernahm unter Umständen auch gestohlene Sachen von Dieben und Räubern. Die Grenzen waren fließend, die Herkunft der Waren nicht immer einwandfrei feststellbar.

Zum Klischee der Hehlerei trug auch der so genannte „Marktschutz" des Talmud bei, der absichtlich als „Hehlerrecht" fehlinterpretiert wurde (vgl.: Juden und Religion – Enthält der Talmud Aufforderungen zu Straftaten?). Dieser schützte den Händler vor Strafverfolgung, der unwissentlich eine gestohlene Ware gekauft und weiterverkauft hatte. Eine juristisch-logische Regel, die dem wachsenden Fernhandel gerecht wurde, denn der rechtmäßige Besitz der Waren ließ sich immer schwieriger nachweisen. Der Marktschutz galt genauso für nicht-jüdische Kaufleute, doch er blieb als jüdische Besonderheit im Gedächtnis der Nichtjuden haften. Man übersah, dass das jüdische Gesetz beabsichtigte Hehlerei ebenso verurteilte wie das christliche.

Welches waren die wahren Gründe der mittelalterlichen Judenverfolgungen?

Durch das Geldgeschäft und den Warenhandel waren zwar viele Juden wohlhabend geworden, ihr Ansehen in der Gesellschaft war jedoch ruiniert. Im 14. Jahrhundert war das Wort *Jude* gleichbedeutend mit *Wucherer* und *Betrüger*. Die Juden galten als Fremdkörper in Städten und Gemeinden, als Parasiten, die die Notlage der Christen ausnutzten, sogar als Christusmörder. Der einfache Bürger und Arbeiter begegnete ihnen mit großem Misstrauen.

Bei nicht geklärten Unglücksfällen wurden immer zuerst Juden verdächtigt. Brach in Häusern von Christen Feuer aus, wurden in Kirchen Wertgegenstände gestohlen, traten Seuchen auf oder verschwanden irgendwo kleine Kinder, schob das Volk schnell den Juden die Schuld zu (vgl.: Juden und Religion – Begingen die Juden aus religiösen Gründen Ritualmorde?). Weil man die Juden im Mittelalter verachtete, schloss man sie aus den Gilden und Zünften aus und führte spezielle Kleidungsvorschriften ein (gelber Hut, gelber Ring). Seit 1349 mussten Juden in zugewiesenen Stadtvierteln (Ghettos) wohnen. Der Hass gegen sie entlud sich schließlich in grausamen Judenverfolgungen. Diese entsprangen schon immer religiösen Motiven. Kirchenväter wie Augustinus forderten heftig, man solle die Juden verachten. Er schlug vor, sie nicht zu töten, sondern sie ständig zu erniedrigen und zu quälen, um den Christen zu zeigen, dass der „Gottesmord" strafwürdig sei. Im Verlauf der gesamten europäischen Geschichte betrieb und hetzte die Kirche zur Judenverfolgung. Im elften Jahrhundert riefen Kirche und Fürsten zur Rückeroberung der heiligen Stätten in Palästina und zum Krieg gegen alle Ungläubigen auf. Viele Kreuzfahrer fochten den Kampf gegen die angeblichen Feinde des Christentums, die Juden, schon hierzulande aus. So begann der erste Kreuzzug im Jahr 1096 im Rheinland mit fürchterlichen Pogromen.

Ein weiterer Grund war das wirtschaftliche Interesse des deutschen Kaufmannsstandes, der sich der lästigen jüdischen Konkurrenten entledigen wollte. Nebenbei ließen sich so auf bequeme Art die Kreditbriefe der jüdischen Gläubiger vernichten. Auch einigen

Adligen kamen die Judenverfolgungen gerade recht, weil sie bei Juden hoch verschuldet waren:

Als Edward I. im Jahr 1275 endlich Kontakt zu potenten Geldgebern in der Lombardei erhielt, untersagte er allen Juden, weiterhin Geld zu verleihen. Bevor er sie aus England verjagte, versuchte er noch, ihr gesamtes Vermögen in seinen Besitz zu bringen. Für 233 Juden endete die Flucht am Galgen.

Im Jahr 1306 vertrieb der französische König Philipp der Gerechte hunderttausend Juden mit der Begründung, sie würden das französische Volk durch Wucher ausbeuten, und annullierte sämtliche ihrer Forderungen gegenüber christlichen Schuldnern. Anschließend ließ er alle Schulden für seine königliche Hofkasse eintreiben.

Auch König Wenzel (1361 – 1419) in Prag versprach sich von einer Judenhetze finanziellen Nachschub. Er annullierte alle jüdischen Forderungen aus Krediten an Österreicher und Tschechen und nahm von den befreiten Schuldnern ein Drittel als kaiserliche Provision.

In Oberwesel kamen im Jahr 1338 auf 29 jüdische Gläubiger 217 Schuldner. Graf Walram von Zweibrücken war 1339 in den Händen von siebzehn jüdischen Gläubigern. In Ulm hatte 1385 ein Jude 43 Schuldbriefe von Bürgern und Adligen im Wert von 5.200 Gulden.

Im Jahr 1388 mussten die Grafen von Oettingen sogar ihre goldene Krone an die Nürnberger Juden versetzen. Es waren sowohl religiöse Motive als auch wirtschaftliche Interessen, die zu den Judenverfolgungen führten.

Waren die Juden an ihrem schlechten Ruf selbst schuld?

Die Juden waren in einer ausweglosen Situation: Einerseits mussten sie hohe Abgaben an die Landesherren abführen, waren aber zugleich ausgeschlossen von den wichtigsten Branchen der damaligen Zeit, dem Handwerk und der Landwirtschaft. Auf die hohen Zinsen konnten sie nicht verzichten, denn sie mussten wenigstens ihr Kapital zurückgewinnen, bevor die unberechenbaren Verhältnisse in feindselige umschlugen. Ihre Existenz hing immer davon ab,

wie lange sie Kapital besaßen oder Kontakte zu Kapitalquellen bzw. Kenntnisse als Finanziers, die andere nicht hatten.

Gegen Ende des Mittelalters wurde das Zinsverbot gelockert. Nun boten auch christliche Kaufleute ihr Kapital auf dem Geldmarkt an, mit viel geringerem Risiko und entsprechend niedrigeren Zinsen. Bald beherrschten die christlichen Finanziers den Geldmarkt. Viele Juden, die mit dem niedrigen Zins der christlichen Geldverleiher konkurrieren wollten, scheiterten an ihrem höheren Verlustrisiko. So blieben den jüdischen Kaufleuten nur die Brosamen von den großen Geschäften übrig. Die handwerklichen Zünfte schlossen sie aus, als Händler waren sie nicht mehr erwünscht, sie wurden die Geldverleiher der kleinen Leute. Da die Rückzahlung nie sicher war, verlegten sie sich aufs Pfandleihgeschäft und den Trödelhandel.

Daneben übten sie Gewerbe aus, die sozial geächtet waren: Handel mit zünftig nicht erfassten Waren; Vieh- und Getreidehandel; Handel mit Feldfrüchten, Federn, Fellen, Häuten und Leder; Sammeln und Wiederverkauf gebrauchter Kleider und Handel mit Eisen- und Gebrauchtwaren. Wollten sie den Bauern Waren verkaufen, mussten sie diese meistens vorfinanzieren, also ein Darlehen gewähren. Landwirtschaftliche Kredit- und Hypothekenbanken gab es damals noch nicht. Zugleich waren die Juden Abnehmer bäuerlicher Nebenprodukte: Fette, Milch, Käse und Eier; auch von Abfällen wie Asche, Lumpen und Scherben. Manche hatten nicht einmal einen eigenen Laden, sondern lebten eine gefährliche Wanderexistenz und zogen durchs Land als Hausierer, Trödler, Viehhändler, kleine Geldverleiher oder Bettler.

Sind Juden Straftäter?

Während der Verfolgungen reichte es oft nicht aus, wenn Juden nur ihren Besitz oder sich selbst versteckten. Um Räuber und Brandstifter unter ihren Schuldnern zu täuschen, fälschten manche von ihnen Münzen oder erstellten Abschriften ihrer Schuldbriefe. So gelangten die Juden in den Ruf von Münz- und Urkundenfälschern. Reiche Juden bestachen Beamte, Bischöfe und Adelige, um der diskriminierenden Kennzeichnungspflicht zu entgehen.

Die jüdischen Hausierer verdächtigte man nicht nur, der naiven Landbevölkerung das Fell über die Ohren zu ziehen, sondern auch während ihrer Tätigkeit deren Häuser auszuspionieren. Den Juden Diebstahl und Einbruch zu unterstellen, lag gleichauf mit dem Vorwurf der Hehlerei (vgl.: Juden im Mittelalter – Sind Juden Hehler?).

Die Vorwürfe gegen die Juden dienten übrigens manchen als Rechtfertigung, ihrerseits Juden zu übervorteilen: Umherziehende jüdische Händler wurden überfallen oder die christlichen Kunden weigerten sich einfach, ihre fälligen Schulden zu bezahlen.

Haben die Juden die Pestepidemien verursacht?

In den Pestjahren 1348/49 erreichten die Judenverfolgungen in Europa ihren grauenvollen Höhepunkt:

Man unterstellte den Juden jetzt, sie hätten die Brunnen vergiftet, um die Christen zu vernichten, und dadurch die Epidemie verursacht. Unter der Folter wurden „Geständnisse" als Beweise erpresst.

Auch wenn der Prozentsatz der *jüdischen* Pestopfer wegen ihrer strengen Hygienevorschriften etwas geringer ausfiel als bei anderen Bevölkerungsgruppen, waren diese Vorwürfe natürlich völlig unsinnig. Wer bei Juden verschuldet war, nutzte die Gelegenheit, um sich an seinen Gläubigern zu rächen. Nur wenige Überlebende konnten nach Polen fliehen, in Deutschland wurden fast alle jüdischen Gemeinden ausgelöscht.

Die absurde Behauptung, Juden hätten die Pestepidemien verursacht, zog sich wie ein roter Faden durch die Geschichte, vom Mittelalter bis in die Neuzeit: im Jahr 1357 in Franken, 1382 in Halle, 1397 in Colmar, Türkheim und Rappoltsweiler, 1401 in der Gegend um den Bodensee. 1448 und 1453 wurden die gleichen Vorwürfe in Schweidnitz (Schlesien) laut, 1472 in Regensburg, 1541 in Brieg und 1543 erneut in Schweidnitz. In Köln und Bonn mussten Juden von 1665 bis 1669 gewalttätige Übergriffe gegen sich erdulden. Ebenso 1679 in Wien. Noch 1822 waren bayerische Behörden der Meinung, dass die Juden nicht nur die Brunnen vergiftet hätten, sondern auch den Hopfen, der zur Bierherstellung benötigt wird. Im Jahr 1825 waren die gleichen Beamten der Ansicht, die Juden verteilten vergiftete Zuckerwaren an Kinder.

Waren die Fugger Juden?

Nein, die berühmten Augsburger Kaufleute waren keine Juden. Entgegen dem Klischee, dass die Juden stets zu den Reichsten im Land zählen, übertraf der Reichtum der Fugger im 16. Jahrhundert sämtliche jüdische Vermögen, die davor und danach angehäuft wurden. Hatte man den Juden noch Wuchergewinne vorgeworfen, so hatte man es bei den Fuggern mit reinen Monopolkapitalisten zu tun. Gegenüber den Augsburger Kaufleuten erschienen selbst die reichsten Juden als arme Leute.

Der Fugger-Clan verfügte zeitweise über zehn Prozent des gesamten Volksvermögens des Heiligen Römischen Reiches Deutscher Nation. Ein Konzern von der Größe des Fuggerschen Imperiums besäße heute die hundert größten Unternehmen der Bundesrepublik Deutschland. Die Fugger kontrollierten die gesamte damalige Wirtschaft: Sie waren der größte Grundbesitzer, das größte Bankhaus und das bedeutendste Handelshaus der damaligen Welt, die größte Bergbaugesellschaft und der größte Arbeitgeber. Mit Hilfe ihrer Syndikate hielten sie Monopole auf Quecksilber, Kupfer, Alaun und Pfeffer in ganz Europa. Außerdem produzierten sie Waffen und waren als Münzverwalter tätig. Sie besaßen großen politischen Einfluss und sie waren – keine Juden.

Sind Juden Münzfälscher?

Das Münzrecht war ein kaiserliches Privileg und für die Landesherren eine wichtige Einnahmequelle. Häufig verpachteten sie das Amt des herzoglichen Münzmeisters an Juden, denn diese hatten durch ihren Fernhandel Erfahrung mit Geld und Währungen. Die jüdischen Münzmeister besaßen das Recht, Münzen zu prägen und mussten das Metall zur Herstellung selbst beschaffen und vorfinanzieren. Der Münzgewinn lag in der Differenz zwischen dem Nennwert der Münze und dem Materialwert, also dem Metallwert des Silbers. An den Münzgewinnen ihrer jüdischen Münzpächter verdienten die Landesherren kräftig mit. Zur Erhöhung ihrer Einnahmen ließen sie regelmäßig Münzverschlechterungen vornehmen. Der Münzgewinn wurde dabei so weit erhöht, bis die Kaufleute das

Geld schließlich ablehnten. Dies brachte den jüdischen Münzpächtern, als den Handlangern der Landesfürsten, den Ruf der Münzfälscherei ein.

Standen die Juden unter dem Schutz der Landesfürsten?

Offiziell ja, sie mussten sich diesen „Schutz" aber teuer erkaufen. Ihre Stellung wurde dadurch keineswegs aufgewertet, sondern bedeutete vielmehr den Verlust jeglicher Freiheit. Friedrich II. stellte im Jahr 1236 alle Juden im Reich unter kaiserlichen Schutz. Sie waren jetzt „Kammerknechte" des Kaisers und gegen Zahlung von Schutzgeldern (so genanntes „Judenregal") vor Verfolgung sicher. Zusammen mit den Frauen und den Geistlichen wurden sie den schutzbedürftigen und „befriedeten" Personen zugeordnet, verloren das Waffenrecht und waren damit nach mittelalterlichem Gesetz „Unfreie", das hieß völlig abhängig von der Gunst ihres Herrn.

Kaiser Karl IV. übertrug im Jahr 1356 das Judenregal in der Goldenen Bulle auf die Kurfürsten, später ging es auf die Landes- und Stadtherren über. Juden, die sich in einer Stadt oder einem Dorf niederlassen wollten, mussten erst den jeweiligen Landesherrn um dessen Schutz bitten. Gegen Zahlung des „Schutzgeldes" stellte dieser einen vertraglich geregelten Schutzbrief aus, der den Juden für einen bestimmten Zeitraum gewisse Rechte gewährte: Sie durften sich an einem bestimmten Ort aufhalten, durch das Land reisen, ihre Religion ungehindert ausüben und Handel und Geldgeschäfte betreiben.

Die Landesfürsten sahen in den Juden vor allem eine Geldquelle. Nach Belieben schraubten sie ihre Geldforderungen an die Juden in die Höhe und nahmen dabei deren Existenzverlust in Kauf. Für die Rechte, die sie ihnen garantierten, mussten die Juden Schutz- und Geleitgelder bezahlen, Leibzölle und „Sterbegefälle", häufig noch Sonderabgaben. Wollten die Juden das Land verlassen, das sie so stark zur Kasse gebeten hatte, wurde ein Abzugsgeld fällig. Juden, die nach Ablauf des Schutzbriefes eine Fristverlängerung beantragten, mussten mit einer Erhöhung des Schutzgeldes rechnen.

Zu allem Unglück war das Schutzrecht an die Person des Herrschenden gebunden, verfiel also, wenn der Landesfürst wechselte.

Auch konnte der Landesherr seinen Schutz jederzeit aufkündigen. Die Landjuden mussten also um jeden Preis Geld verdienen, um sich Schutz gegen eine mögliche Vertreibung kaufen zu können. Nur wohlhabende Juden konnten sich einen Schutzbrief leisten. Die Mehrzahl der Juden zog als Bettler oder fahrende Hausierer über Land oder fand Unterschlupf bei einem Schutzjuden.

Für die Bürger blieben die Juden die Außenseiter der Gesellschaft. Wegen ihrer Geldgeschäfte als verhasste Wucherer ohnehin schon angefeindet, traf sie nun der Neid als vermeintliche Schützlinge des Kaisers und der Landesherren. Dabei behandelten die Schutzherren ihre Juden willkürlich und je nach machtpolitischem Kalkül: Sie konnten deren Schuldbriefe vernichten, sie konnten aber auch die Juden selbst töten.

Wie entstand das Hofjudentum?

Im Zeitalter des Absolutismus hielten die Monarchen ihre Privatschatulle von den Staatsfinanzen nicht getrennt und griffen bei Bedarf gerne in die Staatskasse, um ihren aufwändigen Lebensstil zu finanzieren. Gegen Ende des 17. Jahrhunderts kristallisierte sich für den gewaltigen Kapitalhunger der Herrscher eine private Geldquelle heraus: das Hofjudentum. Dieses finanzierte Kaiser, Hof und Politik. Diese Hofjuden (oder *Hoffaktoren*) übernahmen die gleiche Funktion wie vor ihnen die Fugger, ihre Methoden waren jedoch völlig verschieden. Nicht riesige Vermögen, auf Wirtschaftsimperien und Rohstoffmonopolen basierend, dienten der Kapitalbeschaffung, sondern die Hofjuden fungierten als reine Kreditvermittler.

Die jüdische Geschäftswelt funktionierte damals wie ein einziges großes Bankhaus mit vielen Teilhabern, die ihr Vermögen als Einlage mitbrachten. Wiener Juden hatten zum Vermögen der Juden in Frankfurt Verbindung, und Juden in Hamburg zum Kapital der Juden in Saloniki. Sie errichteten Konsortien aus weitverzweigten Geldquellen und waren so in der Lage, das benötigte Kapital zu beschaffen.

Auch dienten sie den kaiserlichen Herren als Warenkommissionäre. Ein Jude, der Ware brauchte, bekam sie in der Regel von einem anderen Juden, der irgendwo Restbestände gesichert hatte. Kein

Jude, der irgendwo auf der Welt auf eine jüdische Gemeinde traf, galt als Fremder. Er war immer zuerst Jude und danach erst Deutscher, Franzose oder Spanier. Dies war das ganze „Geheimnis" ihres Erfolges. Für die Nichtjuden gehörten die Juden einer unbegrenzten und unüberschaubaren Gemeinschaft an.

Kaiser, Könige und Fürsten wussten diese Vorteile zu schätzen und behandelten ihre Hofjuden pfleglich. Dabei kam diesen Juden zugute, dass der Adel es ablehnte, Geld- und Handelsgeschäfte auszuüben. Der Kaufmann war nicht mehr so hoch angesehen wie der *Kaufherr* der Renaissance. Dem Handel haftete das Image des Würdelosen, zumindest des Banalen an. Die Aristokraten interessierten sich nicht für ihn, sondern verwalteten lieber ihren Grundbesitz oder betätigten sich im Militär- und Staatsdienst. Handel galt als Geschäft des Bürgertums und deshalb blühte er in den reichen Bürgerstädten. In den Landesfürstentümern, wo unter der Adelsherrschaft kein städtisches Patriziertum entstehen konnte, blieb der Bürger nur Untertan und sein Geschäft galt folglich als erniedrigend.

Hinzu kam der Anstrich des Anrüchigen für das Geschäftsleben generell. Nach Ansicht der einfachen Leute konnte jemand viel Geld unmöglich auf ehrliche Weise verdient haben. Die Hofjuden konnten so hervortreten als eifrige Vermittler und Organisatoren großen Stils. Das Image des Händlers ermöglichte den Juden den Wiederaufstieg in der Gesellschaft, nachdem man sie im Mittelalter ohne Rechte ins Ghetto gesperrt hatte.

Bald erweckten die Reichtümer und Privilegien der Hofjuden den Neid ihrer Umwelt. Als Wien ständiges Hoflager wurde, konnten sich die Hofjuden auf Dauer in der Stadt etablieren und dort die Kunden beliefern, ohne an die Zunftbeschränkungen gebunden zu sein. Sie unterstanden weder den städtischen Gerichten, noch brauchten sie Judenkennzeichen an ihrer Kleidung zu tragen. Nur sehr wohlhabende Juden konnten sich jedoch solche Privilegien leisten, was wiederum den Neid der christlichen Konkurrenten schürte. Vor allem die enormen Geldbeträge, die jüdische Finanziers mit den Hof-, Armee- und Kriegskrediten verdienten, waren ihren Gegnern ein Dorn im Auge. Die christlichen Kaufleute gingen mit Krediten für die Armee viel vorsichtiger um. Erfolgreiche deutsche Heereslieferanten wie der Kaufmann Carl Schimmelmann aus Pommern,

der aus kleinsten Anfängen ein riesiges Vermögen anhäufte, waren die Ausnahme. Neben so berühmten Namen wie Jud Süß und Mayer Amschel Rothschild, blieb der preußische Heereslieferant der drei schlesischen Kriege der Nachwelt unbekannt.

Juden dagegen riskierten auch zweifelhafte Geschäfte; sie mussten sie riskieren, wollten sie überhaupt zum Zuge kommen. Dies brachte ihnen zwar den Dank des Hofes ein, aber auch den Neid der nichtjüdischen Konkurrenten. Stellten sich die Heereslieferungen später als profitables Geschäft heraus, missgönnte man den Juden den Erfolg, obwohl man selbst die gleiche Chance gehabt, aber aus Angst nicht genutzt hatte.

Hatten die Hofjuden nur Vorteile?

Hofjude zu sein hatte nicht nur Vorteile, sondern auch vier gewaltige Nachteile:

Erstens übersah man, dass die „Hofbefreiten" unter der ständigen Drohung des Privilegienentzugs leben mussten. Trotz aller Toleranz und Vergünstigungen bestand für die Hofjuden und ihre Familie die permanente Gefahr, vom Hof gejagt und außer Landes verwiesen zu werden, wenn die Hofkammer wieder einmal Geld brauchte und die Hofjuden nicht zahlen wollten oder konnten. Die „Hofbefreiung" war ursprünglich nicht als Privileg für die Juden gedacht. Der Hofmarschall befreite die Händler und Handwerker, die den Hof belieferten, nur von den Fesseln des protektionistischen Zunftsystems. Andernfalls wären die extravaganten Wünsche des Hofes von den Zunftmitgliedern gar nicht zu erfüllen gewesen.

Zweitens mussten die Hofjuden mit dem Herrscher und seinem Gefolge stets mitreisen und jederzeit an seinem Hoflager zur Verfügung stehen. Unter Kaiser Rudolf II. (1552–1612) gab es nur noch wenige Hofjuden, die sich dieses Privileg zudem teuer erkaufen mussten.

Drittens mussten die Hofjuden eine offizielle „Hofbefreitenabgabe" zahlen. Im Gegenzug entfielen zwar alle Steuern, Mauten und Zölle, aber die Abgabe war meist höher als diese zusammen. Nur eine sehr kleine Schicht von weniger als zwei Prozent aller Juden erreichte den Status eines wohlhabenden und geachteten Hofjuden.

Nicht hofbefreite Juden, mit gelben Judenabzeichen an ihrer Kleidung als Fremde abgestempelt, waren den ständigen Schikanen der Stadtverwaltung ausgeliefert.

Viertens hatten die Hofjuden ab und an das Pech, auf der falschen Seite zu stehen. Als heimatlose Minderheit waren sie wehrlos der Willkür der Fürsten ausgesetzt und schutzlos vor dem Gesetz. Wollten sie am Leben bleiben, mussten sie sich auf Gedeih und Verderb dem Schutz der Fürsten verschreiben. Sie erkauften diesen Schutz durch Geld und treue Dienste. Brach jedoch irgendwann ein Aufstand gegen die Obrigkeit aus, richtete sich der Volkszorn automatisch auch gegen die Juden, die Handlanger der verhassten Regierung. Die Einstellung der Landesherren gegenüber ihren Juden wechselte daher häufig. Landesfürsten, die in stabilen politischen Verhältnissen regierten, gestanden den Juden Privilegien zu. Wurde die innenpolitische Lage jedoch instabil und der Landesfürst durch aufständische Bürger bedrängt, schränkte er die Privilegien für die Juden sofort wieder ein. Ein starker Landesfürst konnte den Juden die feindlich gesinnten Bürger vom Leib halten, war er jedoch auf das Wohlwollen der Bevölkerung angewiesen, musste er ihre Forderung erfüllen und ihnen die lästigen jüdischen Konkurrenten vom Hals schaffen.

War *Jud Süß* ein Ausbeuter?

Josef Süß Oppenheimer, Geldbeschaffer und Finanzberater des Herzogs Carl Alexander von Württemberg, ging unter dem Namen *Jud Süß* als der berühmteste Hofjude in die Geschichte ein. Die politisch motivierte Anklage, die dazu führte, dass Oppenheimer am 4. Februar 1738 verurteilt und hingerichtet wurde, erregte in ganz Europa Aufsehen. Nach seinem Tod wurde seine Geschichte in Balladen und Schmähschriften erzählt und sein Name zum Synonym für „jüdische Verschlagenheit", „jüdisches Machtstreben" und „jüdische Geldgier".

Oppenheimer (geboren 1692 oder 1698 in Heidelberg) arbeitete zunächst als Geldverleiher und Juwelenhändler, später als Importeur für Kaffee und Tee in Frankfurt und Mannheim. Im Jahr 1733 kam er nach Stuttgart, als Bediensteter des neuen Herzogs Carl Alexan-

der von Württemberg, der seinem Vetter Eberhard Ludwig auf den Thron folgte. Das Land war von der Verschwendungssucht des verstorbenen Regenten ausgeblutet und von dessen Mätressenwirtschaft demoralisiert. Als Finanzberater des neuen Regenten stieg „Jud Süß" zum geheimen Finanzrat auf. Er sollte die desolaten Finanzen des Landes stabilisieren und als typischer „Geldjude" seiner Zeit die Millionen für die barocke Prunksucht seines Herrn beschaffen (vgl.: Juden im Mittelalter – Hatten die Hofjuden nur Vorteile?).

Erfolgreich wie kein Zweiter gelang es ihm, den unersättlichen Geldhunger seines Landesfürsten zu befriedigen: durch Ämterkauf, Währungsmanipulationen und Steuertricks auf Kosten verarmender Untertanen, aber auch durch die Gründung einer Porzellanmanufaktur und der ersten Bank Württembergs. Im Jahr 1737, nach dem Tod seines Schutzherrn, wurde Oppenheimer vor einem Sondergerichtshof in Stuttgart angeklagt, wegen Hochverrats und „Unzucht mit elf verschiedenen Personen".

Nach einem Schauprozess wurde er 1738 verurteilt und gehängt – ohne belastbare Beweise der Anklagepunkte. Historisch verbürgt ist der Ausspruch des neuen Regenten Karl Rudolf: „Das ist ein seltenes Ereignis, dass ein Jud' für Christenschelmen die Zeche zahlt."

Zum Verhängnis wurden „Jud Süß" vermutlich weniger seine Taten selbst, sondern dass er diese als *Jude* begangen hatte.

So wurde er zum Prototyp des jüdischen Ausbeuters und Betrügers, mit den vermeintlich *typisch jüdischen* Charaktermerkmalen. Vom Leben Oppenheimers handelt übrigens ein Roman des jüdischen Schriftstellers Lion Feuchtwanger.

Juden und Geld

Sind alle Juden reich?

Es gibt reiche Deutsche, Franzosen, Engländer und Amerikaner – und reiche Juden. Es gibt arme Juden – und arme Deutsche, Franzosen, Engländer und Amerikaner. Wer auf die reichen „Geldjuden" schimpft, vergisst dabei, dass die meisten Juden nicht reich sind.

Besonders in Osteuropa gibt es unter ihnen viele Arbeiter. Juden also, die weder handeln noch feilschen, keine alten Kleider verkaufen und nicht mit Waren hausieren. Man findet dort auch jüdische Handwerker: Klempner, Tischler, Schuster, Schneider, Kürschner, Fassbinder, Glaser und Dachdecker. Übrigens gibt es auch in Israel viele Juden (*Chaluzim* genannt), die einfache Bauern oder Arbeiter sind.

Sind alle Juden geldgierig?

Nein, das Klischee des geldgierigen Juden ist aus drei Gründen entstanden:

Zum Ersten waren Juden schon seit dem Mittelalter im klassischen Geldhandel tätig, dem Vorläufer der heutigen Banken (vgl.: Juden im Mittelalter – Wie kamen die Juden zum Geldgeschäft?, und: Sind Juden Wucherer?).

Bis ins 19. Jahrhundert gehörte es zur Politik vieler Landesherren, die Juden als nützliche Geldeintreiber zu sehen. Sie waren Beauftragte der Obrigkeit, kassierten vom Volk zwar die Steuern, mussten jedoch ihrerseits enorme Summen an die Landesherren und den Kaiser abführen. So blieb das Klischee des geldgierigen Zinsnehmers und Wucherers nicht an den wirklichen Empfängern des Geldes hängen, den Landesfürsten, sondern an deren Mittelsmännern, den Juden.

Nicht nur das einfache Volk formte dadurch sein Bild vom Juden als eines auf Geld fixierten Menschen. Auch die Juden selbst sahen sich, nüchtern betrachtet, auf diese Rolle festgelegt. Man hofierte sie,

wenn es galt, Wirtschaft und Handel in einer Region zu entwickeln, und nutzte ihre internationalen Kredit- und Handelsverbindungen. Kamen Gewerbe und Handel erst in Schwung, galten die Juden bald nur noch als lästige Konkurrenz, die man schnell loswerden wollte. Nach solchen Erfahrungen ist es nicht erstaunlich, dass die Juden sich daran gewöhnten, ihr Existenzrecht nicht vom Gesetz oder von gesellschaftlicher Anerkennung abzuleiten, sondern vom Geld. Geld war notwendig, um zu überleben; auf der Flucht konnte man sich manchmal Freiheit damit erkaufen.

Zum Zweiten hatten Juden immer wieder großen geschäftlichen Erfolg. Hierzu verhalfen ihnen ihre internationalen Kontakte, ihre jahrhundertelange Erfahrung und ihr überdurchschnittlicher Ehrgeiz. Diese Motivation zu besonderer Leistung ist bei Minderheiten häufig festzustellen und trifft sicher auch auf die Juden zu. Wirtschaftlicher Erfolg war wichtig – um die mangelnde Anerkennung in der Gesellschaft zu kompensieren oder zu erlangen.

Zum Dritten konnten die jüdischen Pfandleiher, Geldhändler oder Kaufleute das Geld, das sie verdienten, kaum für den Kauf von Grundstücken und Häusern verwenden, weil ihnen das lange Zeit verboten war. In der Enge des mittelalterlichen Ghettos waren sie überdies zu einem bescheidenen Leben gezwungen. Die vielen Einschränkungen ihres Alltags, von den Kleidervorschriften bis zur Ausgangssperre, ließen eine aufwändige oder gar luxuriöse Lebensweise nicht zu. Somit verlor das Geld für die Juden viel von dem Reiz, den es für die Nichtjuden hatte: sich das Leben angenehmer zu gestalten. Es wurde zum reinen Selbstzweck, zur bloßen Ware, mit der man Handel trieb. Statt das Kapital zu verzehren, wurde es dem Geschäft wieder zugeführt. Das Geld blieb daher bei den Juden länger im Geschäft und trug reichere Früchte als bei ihren christlichen Konkurrenten. Überspitzt formuliert könnte man sagen: Die Nichtjuden haben die Juden gezwungen, reich zu werden, indem sie diese daran hinderten, ihr Geld wieder auszugeben. Persönliche Einschränkung und Sparsamkeit, verursacht durch den Zwang äußerer Umstände, wurde im Laufe der Zeit zur Gewohnheit, die in Fleisch und Blut überging. Dabei war Geld, außer Wissen, das Einzige, was man besitzen konnte.

Haben Juden einen angeborenen Geschäftssinn?

Natürlich nicht, eine solche Behauptung ist blanker Unsinn. Es gibt keine „genetisch bedingte" Eignung zum Geldverdienen, die einem *ganzen Volk* zuzuordnen wäre.

Es gibt natürlich Menschen, die mehr fürs Geschäftsleben geeignet sind als andere. Aber das ist deren individuellen Fähigkeiten zuzuschreiben, sei es angeborenes Talent oder durch Erfahrung erworben, und nicht einer genetischen Begabung für *alle* Angehörigen eines Volkes. Dass viele Juden sehr erfolgreich im Geschäftsleben sind, hat viele Gründe, vor allem die lange Erfahrung im Handel, die von Generation zu Generation weitergereicht wurde (vgl.: Juden im Mittelalter – Weshalb sind so viele Juden im Handel tätig?, und: Wie kamen die Juden zum Geldgeschäft?).

Es gibt auch genügend Juden, die keine erfolgreichen Geschäftsleute sind und sogar solche, die sich ruinierten. Und es gibt genügend Juden, die mit Geldanlagen nichts am Hut haben. Steven Spielberg ist so einer – sein ganzes Denken kreist nach eigener Aussage nur ums Filmemachen.

Weshalb sind viele Juden im Geschäftsleben so erfolgreich?

Aus drei Gründen: Erstens leitet die jüdische Erziehung dazu an, nicht nur die Taten Dritter, sondern vor allem die eigenen immer wieder in Frage zu stellen. Dies bedeutet, dass erfolgreiche Juden – erst recht, wenn sie traditionell erzogen wurden – das Erreichte immer wieder kritisch bewerten.

Zweitens haben viele Juden nun einmal mehr riskiert als die Konkurrenz. Im Laufe ihrer Geschichte haben sie durch viele Benachteiligungen gelernt, dass sie mehr riskieren müssen als die Nichtjuden, wenn sie überleben wollen. So wagten sich jüdische Finanziers in die Nischen der Hof-, Armee- und Kriegskredite, die die Christen wegen der hohen Risiken mieden (vgl.: Juden im Mittelalter – Hatten die Hofjuden nur Vorteile?). Diese Erfahrung schlug sich auch in dem jüdischen Sprichwort nieder: „Hat man nichts zu verlieren, muss man alles riskieren."

Drittens: Wegen des Zinsverbots durften offiziell nur Juden mit Geld handeln (vgl.: Juden im Mittelalter – Wie kamen die Juden zum Geldgeschäft?). Die jüdischen Bankiers in den italienischen Stadtstaaten entwickelten daraus die hohe Kunst der Finanzierung. Neben der doppelten Buchführung erfanden sie den Wechsel und die Bankanweisung „zahlbar an den Inhaber". Die Christen waren im Umgang mit Geld und Kapital nicht so geübt und geschickt: Sie kannten weder den Scheck noch den Wechsel und investierten erst, wenn sie genug gespart hatten. Die Juden erkannten die Trends in der Wirtschaft durch ihre internationale Erfahrung und Kontakte früher als andere. Die Christen hatten die Juden zuerst in bestimmte Berufe und Gewerbe hineingedrängt und warfen ihnen dann vor, dass sie darin erfolgreich waren.

Gehören den Juden alle Banken?

Eine Klischee, das die Rolle der Juden im Bankwesen maßlos übertreibt. Am meisten hat der Mythos der Rothschilds (vgl.: Juden und Geld – Spielen die Rothschilds heute in der Finanzwelt noch eine Rolle?) dazu beigetragen, dass die Begriffe *Banken* und *Juden* lange Zeit gleichbedeutend waren.

Um das Jahr 1900 besaßen Juden die großen Wiener Banken, und in den 1930er Jahren in Deutschland gehörten ihnen fünfzig Prozent der Privatbanken (z. B. Warburg in Hamburg und Salomon Oppenheim in Köln), die als Vermögensverwalter überwiegend wohlhabende Kunden betreuten. 150 der 201 Privatbanken in Berlin gehörten jüdischen Besitzern, von den 58 Frankfurter Privatbanken sogar 47. Im Dritten Reich mussten jedoch alle jüdischen Bankiers aus Deutschland flüchten.

Ihre Privatbanken wurden später von den großen Geschäftsbanken gekauft. In Amerika gründeten einige der eingewanderten Flüchtlinge Börsenmaklerfirmen. Am bekanntesten ist John Slade aus Frankfurt und die Firma Bear Stearns. Die meisten dieser Maklerfirmen sind mittlerweile wieder in anderen Wertpapierhäusern aufgegangen oder werden von den großen weltweiten Bankkonzernen beherrscht. Von den ehemaligen jüdischen Privatbankiers ist kaum einer aus der Emigration zurückgekehrt. Im Management der

Großbanken sind keine Juden mehr. Wenn man heute einen Juden in einer deutschen Bank antrifft, dann kommt er aus England oder Amerika. Der jüdische Privatbankier spielt heute in der Finanzwelt keine Rolle mehr.

Spielen die Rothschilds heute in der Finanzwelt noch eine Rolle?

Kaum, ihr Stern ist schon lange verblasst. Dabei entfachte kein anderer Name der Finanzgeschichte so sehr den Mythos von der geheimen Macht einer jüdischen Hochfinanz. „Wie sich das der kleine Moritz so vorstellt", hätte man im alten Wien gesagt. Die Rothschild-Bank (gegr. in Frankfurt/Main 1801) besitzt heute weder in der internationalen noch in der französischen Finanzwelt großen Einfluss. Waren die Rothschilds einst Bankiers der Fürsten und Fürsten unter den Bankiers, so sind sie heute nur noch Zwerge gegenüber den großen internationalen Finanzkonzernen. Längst sind die Zeiten vorbei, in denen die Initialen R. F. (Rothschild Frères = Gebrüder Rothschild) mit R. F. (République Francaise) gleichgesetzt wurden. Die nachfolgende Generation der Rothschilds ist durch eine Reihe finanzieller Misserfolge in Verruf geraten.

Die Rothschild-Beteiligungen der Erben beschränken sich nur noch auf Weinberge, Kunstschätze, Rennpferde, Paläste und Schlösser.

Gibt es „jüdisches Kapital"?

Mit „jüdischem Kapital" oder „jüdischem Finanzkapital" waren die Geldsummen gemeint, die die Juden durch Kreditvergabe, Börsenspekulation und Handel verdienten.

Manchmal hieß es auch „bewegliches Kapital" oder „Börsenkapital". Es bezeichnete Kapital, das nach frühkapitalistischer Ansicht nicht erarbeitet wurde, sondern durch die Arbeit anderer entstand. Mit dem Attribut jüdisch sollte es abgegrenzt werden zum gegenteilig entstandenen, „deutschen industriellen" oder „agrarischen" Kapital. Dabei ist die Bezeichnung *jüdisches* Kapital ohnehin Unfug. Was soll an einem Kapital, also Geldsummen, die Juden besitzen,

jüdisch sein? Das Kapital von Juden unterscheidet sich in keiner Weise von dem der Nicht-Juden; es hat *nichts spezifisch Jüdisches* an sich. Richtig müsste es heißen: Kapital von jüdischen Eigentümern oder, wenn es unbedingt sein muss, Kapital „in jüdischen Händen".

Ende des 19. Jahrhunderts unterscheiden die Antisemiten auch zwischen „raffendem" und „schaffendem Kapital", wobei raffend stellvertretend für jüdisch stand. Wie tief solche Begriffe verwurzelt sind und wie selbstverständlich sie heute noch in der Politik gebraucht werden, zeigt die im Jahr 2005 in Deutschland geführte „Heuschreckendebatte". Auch wenn dabei nicht speziell jüdische Investoren gemeint waren.

Gibt es eine „internationale jüdische Hochfinanz"?

Ob „jüdisches Kapital", „jüdische Hochfinanz" oder „jüdische Weltherrschaft" – es ist alles der gleiche Unfug. Durch eine einfache Überlegung lässt sich dies sehr einleuchtend beweisen: Hätte es eine jüdische Weltherrschaft, wie sie die Nazis propagierten, auch nur ansatzweise gegeben, so wäre es für diese Weltmacht doch ein Kinderspiel gewesen, alle Juden aus Deutschland unversehrt herauszuholen. Kein einziger verfolgter Jude hätte im Konzentrationslager enden müssen!

Nichts beweist eindeutiger, wie absurd Adolf Hitlers Thesen waren, als die Tatsache, dass dieser ungehindert agieren konnte. Das „jüdische Großkapital" und die „jüdische Presse", die Deutschland angeblich beherrschten, konnten den Aufstieg Hitlers nicht verhindern. Die vermeintliche „jüdische Hochfinanz" im Ausland sah Hitlers Eroberungen ohnmächtig zu. Die „jüdische Lobby", die angeblich Amerikas Wirtschaft und Politik beherrsche, konnte die Einwanderungsbeschränkungen für europäische Juden nicht aufheben (vgl.: Juden und Politik – Wie entstand das Märchen von der jüdischen Weltverschwörung?).

Juden und Wirtschaft

Haben Juden eine Abneigung gegen körperliche Arbeit?

Wohl die meisten Menschen sind harter körperlicher Arbeit eher abgeneigt. Insofern ist es verständlich, dass auch die Juden Berufe und Positionen anstreben, in denen man möglichst bequem sein Einkommen verdienen kann. Ihre intellektuelle Tradition befähigte sie immer schon zu Berufen, in denen planende und organisatorische Aufgaben überwiegen. Trotzdem gibt es viele Juden, die als Bauer oder Handwerker körperlich hart arbeiten.

Der Beruf des jüdischen Hausierers, der mit seinem Karren bei Regen, Wind und Schnee über Land zog, war ebenfalls sehr anstrengend (vgl.: Juden und Geld – Sind alle Juden reich?, und: Juden und Wirtschaft – Laufen die Juden ihren Kunden nach?).

In der jüdischen Religion wird die körperliche Arbeit sehr hoch geschätzt: Da nach religiösem Verständnis Gott die Bibel dem ganzen Volk gegeben hat, darf es keine Privilegierten geben – zumindest in der Theorie. Dies bedeutet, dass die körperliche Tätigkeit nicht angesehen wird als eines freien Mannes unwürdig. Einzig am Sabbat muss die Arbeit ruhen, und zwar alle Arbeit, auch die der Hausfrau.

Weshalb wurden so viele Juden Geschäftsinhaber?

Die geschäftliche Selbstständigkeit hat bei den Juden eine lange Tradition: Schon im Mittelalter mussten die Juden wegen des Zunftverbotes die „freien Berufe" ergreifen (vgl.: Juden im Mittelalter – Weshalb sind so viele Juden im Handel?). Auch wollten viele Juden, aus Angst vor Antisemitismus, ungern bei Nichtjuden angestellt sein und machten sich lieber selbstständig.

Hinzu kam, dass christliche Firmen in der Regel keine Rücksicht auf jüdische Feiertage nahmen. Religiöse Juden müssen freitags vor Sonnenuntergang mit der Arbeit aufhören, um rechtzeitig vor *Schabath* zu Hause oder in der Synagoge zu sein. Deshalb strebten sie,

auch unter größten Anstrengungen und Entbehrungen, ein eigenes Geschäft an, was meistens auch gelang.

Weshalb waren die Juden in der Wirtschaft so erfolgreich?

Fast überall wo Juden hinkamen, waren sie Fremde und Außenseiter. Das zwang sie zu bestimmten Verhaltensweisen und zu speziellen Formen des Handelns. Als Neuankömmlinge mussten sie Augen und Ohren besonders offen halten, um sich in der neuen Umgebung schnell zurechtzufinden. Ihren Lebensunterhalt konnten sie oft nur verdienen, wenn sie die Lage schneller sondierten und schärfer nachdachten als die etablierten Geschäftsleute. Während die Alteingesessenen noch in ihren warmen Betten lagen, standen die Neuen, die Juden, schon in der kalten Morgenluft und mussten sich ihre Existenz hart erkämpfen. Ihr Ehrgeiz und ihre Energie wurden dadurch vervielfacht. Für romantische Erwägungen und sentimentale Anwandlungen war in ihrem Geschäftsdenken kein Platz. Schnellen Erfolg zu haben wurde zur Überlebensfrage, ihre Art der Geschäftsführung durch Pragmatismus bestimmt: Welche Produktions- und Handelszweige sind am lukrativsten? Zu wem muss man Beziehungen knüpfen? Mit welchen Methoden kann man sich am besten auf dem Markt durchsetzen? Traditionelle Ansichten oder persönliche Eitelkeiten waren belanglos; rationelles Wirtschaften, bis zum Industriezeitalter sonst eher die Ausnahme, war dagegen Trumpf.

Weshalb bevorzugten die Juden mobile Werte?

Die Neigung der Juden zu mobilen Werten hat historische Gründe: Das Verbot für Juden, Immobilien zu erwerben, zieht sich wie ein roter Faden durch ihre Geschichte. Bis Anfang des 19. Jahrhunderts durften sich Juden per Gesetz nicht an jedem beliebigen Ort niederlassen, und im Falle eines genehmigten Aufenthaltes war diese Zeit oft begrenzt. Der Erwerb von Grund und Boden wurde nur wenigen privilegierten Juden gestattet, die meisten durften keine Immobilien besitzen. Noch im Jahr 1853 verbot ihnen in Österreich ein Sonder-

gesetz den Grunderwerb, erst nach 1859 wurden sie formal zu vollberechtigten Staatsbürgern. Eine berühmte Ausnahme war Salomon Rothschild in Wien, dem Kaiser Franz Joseph I. höchstpersönlich im Jahr 1831 eine Sondergenehmigung erteilte.

Immobilienbesitz wäre oft auch sehr unpraktisch gewesen: Juden wurden häufig verfolgt und mussten ihren Wohnsitz aufgeben. Da sie ständig „auf gepackten Koffern saßen", bevorzugten sie mobile Werte wie Bargeld, Schmuck, Wertpapiere und Diamanten, die sich leicht transportieren ließen (vgl.: Juden und Wirtschaft – Weshalb sind so viele Juden im Diamantenhandel?).

Weshalb ergriffen Juden immer wieder bestimmte Berufe?

Die Juden durften lange Zeit nicht am öffentlichen Leben teilnehmen. Sie hatten keinen Zugang zu Staats- und Gemeindeämtern, zum Parlament, zum Militär und zu den Universitäten. Folglich ergriffen sie Berufe in der freien Wirtschaft. Der Antisemitismus spielte bei der Berufswahl ebenfalls eine zentrale Rolle. Zwar waren Juden mit den übrigen Bürgern formal rechtlich gleichgestellt, ihre berufliche Emanzipation stand jedoch nur auf dem Papier.

Im Staatsdienst wurden jüdische Beamte nach wie vor diskriminiert, höhere Positionen in Verwaltung oder Armee blieben ihnen trotz bester Qualifikation versperrt. Ihnen blieb nur die Wahl eines *freien* Berufes. Das erklärt, warum es so viele jüdische Ärzte, Anwälte und Journalisten gab (vgl.: Juden und Kultur). Ein jüdischer Jurist brauchte sich erst gar keine Hoffnung auf eine höhere Beamtenlaufbahn zu machen. Am ehesten bestand noch in der Medizin die Chance zum Aufstieg. Jüdische Akademiker zählten gesellschaftlich zur Unterschicht, jüdischen Ärzte repräsentierten die Oberschicht der Unterklasse. Die medizinischen Fakultäten hatten als erste Juden zum Studium zugelassen, ein akademischer Lehrstuhl blieb jedoch auch dort unerreichbar.

Erst in der Weimarer Republik waren die Juden im Staatsdienst den Nichtjuden völlig gleichgestellt. Tradition und gesellschaftliche Diskriminierung jedoch drängten nach wie vor relativ viele Juden in die selbstständigen und freien Berufe, in den Handel, das Bank-

und Finanzwesen und verhinderten ihren Aufstieg in der Verwaltung.

Weshalb gab es so viele jüdische Rechtsanwälte?

Im Dritten Reich waren von den dreitausend österreichischen Rechtsanwälten zwei Drittel Juden. Eine so starke Überzahl kann kein Zufall sein, die begrenzte Auswahl an Berufen trug sicher dazu bei (vgl.: Juden und Wirtschaft – Weshalb ergriffen Juden immer wieder bestimmte Berufe?).

Darüber hinaus lieben es viele Juden zu debattieren, und besonders die Dialektik hat es ihnen angetan. Ihre Rededuelle finden nicht nur im Kaffeehaus und am Verhandlungstisch statt, sondern auch vor Gericht. Jeder Sachverhalt hat mindestens zwei Seiten – der Idealfall also für Anwälte. Die Kunst der Argumentation lernen die Juden nicht erst im Jurastudium, sondern schon durch die Beschäftigung mit dem Talmud. Dieser besteht zu großen Teilen aus Handels- und Gewerberecht (vgl.: Juden und Religion – Ist der Talmud die „jüdische Bibel"?, und: Kann man mit Hilfe des Talmud alles beweisen, was man will?). Jüdisch-religiöse Interpretation ist juristischem Denken sehr nahe. Die Juden, als das Volk des Buches, lieben das Wort, und Recht ist Sprache. Sie setzen sich auch oft für Schwächere und Benachteiligte ein, zählen sie doch selbst zur Minderheit. Folglich kämpften sie vor Gericht für Freiheit und Gerechtigkeit. Und Juden ergriffen den Rechtsberuf, weil sie sich davon bessere Rechte in der Gesellschaft versprachen.

Weshalb sind so viele Juden im Diamantenhandel?

Diamanten sind hervorragend geeignet, um möglichst viel Wert auf kleinem Raum zu komprimieren, vorausgesetzt, es handelt es um Steine erster Qualität. Sie lassen sich auf der Flucht leicht mitnehmen, wozu die Juden wegen ihrer Verfolgung häufig gezwungen waren. Diamanten sind äußerst robust, das härteste Material, das es gibt, und verglichen mit Wertpapieren oder Geldscheinen unverwüstlich. Sie sind sehr wertbeständig, eine Art internationaler Währung, die man an jedem Ort der Welt wieder zu Geld machen kann.

Was also könnte besser geeignet sein, um sein Vermögen durch unsichere Zeiten zu transportieren?

Weshalb gab es so viele jüdische Juweliere?

Aus den gleichen Gründen wie oben. Der Juwelierberuf ist die Fortsetzung des Diamantenhandels: die Verarbeitung der Rohdiamanten zu Schmuck. Die Juden, seit dem Altertum verfolgt und vertrieben, bevorzugten eine wertbeständige Handelsware, die leicht transportierbar war, überall verkäuflich und von geringem Umfang.

Hinzu kommt, dass den Juden aus religiösen Gründen die Darstellung von Personen und Tieren untersagt ist. So entwickelten sie Fertigkeiten in der Schmuckgestaltung. Die Tradition der Juden im Juwelierberuf ist auch überliefert in der englischen Bezeichnung *Jewelry* (dt.: Schmuck, Juwelen), abgeleitet von *Jew* (dt.: Jude).

Weshalb waren so viele Juden in der Tabakbranche?

Auch die Tabakindustrie ist eine traditionell „jüdische" Branche. Kaiser Leopold I. (1640–1705), von Schulden geplagt, verpachtete zum ersten Mal ein Tabakmonopol, um sich Geld zu beschaffen. Solange die kaiserliche Finanzverwaltung alle Tabakimporte geregelt hatte, war kein Gewinn erwirtschaftet worden. Die ersten Monopolisten waren Aristokraten, die vom Geschäft wenig verstanden und sich auf Unterpächter verließen. Gegen Ende des 18. Jahrhunderts übernahmen jüdische Pächter das Tabakmonopol. Ihnen gelang es, daraus ein lukratives Geschäft zu machen. In der Folgezeit verdienten die Tabakpächter Millionen und die kaiserliche Finanzverwaltung, als Verpächterin des Tabakmonopols, war daran beteiligt. Tabak, als Schnupf- oder Pfeifentabak konsumiert, erwies sich als äußerst krisensicheres Geschäft und wurde so zur Grundlage vieler jüdischer Vermögen. Auch später blieben die Tabakbranche sowie der Großhandel für Zigaretten und Zigarren eine jüdische Domäne.

Weshalb waren so viele Juden im Textilhandel?

Seit den Franzosenkriegen 1792 erlebte die Wiener Seidenindustrie einen enormen Aufschwung. Kaiser Franz gab im Jahr 1809 die Heimarbeit frei, wovon die Textilbranche profitierte. Neben christlichen Textilfabrikanten etablierten sich auch viele Juden in der Branche: Todesco (Baumwollverarbeitung), Hofmann (Seide), Biedermann und Liebenberg (Schafwolle). Da Textilien nicht in kleinen Handwerksbetrieben, sondern fabrikmäßig hergestellt wurden, waren jüdische Textilunternehmer von den Zunftbeschränkungen nicht betroffen (vgl.: Juden und Wirtschaft – Weshalb waren unter den Fabrikanten viele Juden?).

Der Kapitaleinsatz für die Fabriken war relativ gering und für die Arbeit brauchte man keine ausgebildeten Handwerker mehr, sondern es genügten ungelernte Arbeitskräfte. Die Textilbranche wurde im 19. Jahrhundert zum dominierenden Wirtschaftszweig in Wien und galt als Wachstumsbranche. 1870 arbeitete jeder Dritte der Wiener Beschäftigten, etwa hunderttausend Menschen, in der Textilindustrie oder in der Bekleidungsbranche. In den 1930er Jahren waren siebzig Prozent der Grossisten für Damen-Oberbekleidung in Deutschland Juden.

Haben die Juden die Textilbranche beherrscht?

Auch wenn einzelne jüdische Textilunternehmer sehr große Vermögen besaßen, eine marktbeherrschende Stellung in der Textilindustrie oder im Textilhandel hatten die Juden nicht. Im Jahr 1846 waren unter den 72 österreichischen Baumwollfabrikanten elf Juden; unter den 120 Fabrikanten von Weißwaren waren es gerade einmal drei. In der Oberklasse der Textilbranche, der Seidenfabrikation, besaßen Juden neun der 450 Unternehmen, wenn auch die größten. Von den 150 Betrieben der Wiener Schalfabrikation gehörten sechs jüdischen Besitzern. Ganze drei jüdische Fabrikanten zählten zu den 172 Bandherstellern. Unter den 32 Herstellern von Schafwollprodukten waren sechs Juden. Den größten Anteil hatten die Juden noch unter den Baumwolldruckern, hier gehörten ihnen 33 der 133 Fabriken.

Wie ist dann das Klischee von der jüdischen Dominanz überhaupt entstanden?

Jüdische Unternehmer beherrschten zwar nicht die Wiener Textilindustrie, doch entwickelte sich das so genannte *Fetzenviertel*, zwischen Hohem Markt und Donaukanal, zum Hauptumschlagplatz des Textilhandels. Als *Fetzen* bezeichnete man alles, was mit Textilien zusammenhing. Der Anteil der Juden unter den Bewohnern betrug dort siebzehn Prozent und die Textilhändler drängten sich dicht nebeneinander.

Ein speziell jüdisches Gewerbe war der Altkleiderhandel, abwertend *Lumpenhandel* (jidd.: *schmattes*) genannt. Die Juden wandten sich dem Altkleiderhandel zu, weil ihnen der Handel mit neuen Kleidern zunächst verboten war. Der Altkleiderhandel bedeutete für die armen Leute, dass sie sich überhaupt kleiden konnten, und für die bessergestellten, sich für wenig Geld neu einzukleiden, da der Altkleiderhändler die abgetragene Kleidung in Zahlung nahm. Aus ihm entwickelte sich später die Konfektionsindustrie. Die Juden waren in der Textilbranche überdurchschnittlich vertreten, und weil dieser Zweig überbesetzt und besonders krisenanfällig war, erregten sie den Neid ihrer nichtjüdischen Konkurrenten. Seit der zweiten Hälfte des 19. Jahrhunderts, als die Konfektion ins Bekleidungsgewerbe einzog, bezeichnete man alles, was mit Textilien zusammenhing, als „jüdische Branche".

Weshalb sind so viele Juden in der Gastronomie?

Ob Kaffeehaus, Diskothek, Nachtbar oder Cabaret, die Zugangsvoraussetzungen für diese Branche sind am niedrigsten. Man benötigt keinen Handwerkskammer-Beruf, nicht einmal eine offizielle Ausbildung, und kann in der Gastronomie schon mit wenig Kapital starten.

Nach dem Zweiten Weltkrieg betätigten sich viele Überlebende der Konzentrationslager (so genannte *displaced persons*) zunächst auf dem Schwarzmarkt, um ihr Überleben zu sichern. Mit dem Geld, das sie dort einnahmen, gründeten sie Imbiss-Stuben und kleine Textilläden. Wer mehr Kapital auftreiben konnte,

eröffnete einen Spielsalon oder eine Bar. Auch das Bordellgewerbe und das illegale Glückspiel wurden als Existenzgründung gewählt.

Da diese Stiefkinder-Branchen nicht besonders angesehen sind, waren nur wenige Deutsche zu dieser Art von Gewerbe bereit und wählten stattdessen lieber solide bürgerliche Berufe. Auch schreckte das Nachtgeschäft mit seiner Nähe zur Halbwelt viele Gewerbetreibende ab. Die Juden störte das schlechte Image nicht, sie hatten ohnehin wenig zu verlieren. Auch hat das Gastronomiegewerbe bei den Juden eine lange Tradition. Das erste Kaffeehaus in England wurde von einem Juden namens Jacobs 1650 in Oxford eröffnet. Die Hotelkette Kempinski geht ebenfalls auf jüdische Gründer zurück.

Gibt es noch weitere „typisch jüdische" Branchen?

Ja, auch das Theater und das Kino (früher Lichtspielhaus genannt). Die Unterhaltungsbranche ist mit der Gastronomie ja eng verwandt. Bei den Nahrungsmittel-Betrieben: die Großfleischerei und die Zuckerindustrie. Das Zuckergewerbe hat bei den Juden eine lange Tradition. Schon 1492 betrieben portugiesische Juden die ersten Zuckerplantagen in Südamerika. Ebenso gehörten dazu der Rumhandel in Jamaika und der Pfefferhandel in Indien. Auch der Handel mit landwirtschaftlichen Produkten wurde von jüdischen Kaufleuten abgewickelt, in Bayern zum Beispiel der Hopfenhandel. Ebenso stark repräsentiert waren Juden in den Nebenbranchen, die der Handel mit landwirtschaftlichen Produkten mit sich brachte, etwa dem Handel mit Tierdärmen. Vom Ende des 19. Jahrhunderts an bis zum Ersten Weltkrieg waren auch viele Juden im Speditionsgewerbe tätig und in den Eisenbahngesellschaften. Ergänzende Produkte der Textilindustrie, Nähmaschinen und Schuhwaren zählten schließlich ebenso dazu, wie der Leder-, Wein-, Vieh-, Lumpen- und Alteisenhandel.

Am bekanntesten ist natürlich der Einzelhandel als „typisch jüdische Branche" im Bewusstsein der Menschen geblieben (vgl.: Juden und Warenhäuser).

Liefen die Juden den Kunden nach?

Man warf den Juden vor, sie würden ihren Kunden nachlaufen und wollten mit aller Gewalt Geschäfte abschließen: ein „Beweis" für die vermeintliche Geldgier jüdischer Geschäftsleute. Aufgekommen war das Klischee mit der Tätigkeit der kleinen Ratenhändler. Dies waren Hausierer, die ihre Ware, meist Haushaltsbedarf, zu den Kunden nach Hause brachten und Ratenzahlungen auf den Kaufpreis einräumten. Die Hausierer-Waren galten bei den besserverdienenden Kunden als Waren minderer Qualität oder als Ladenhüter, die auf dem regulären Markt nur schwer Absatz fanden.

Die Kunden der Ratenhändler waren arme Leute auf dem Land, denen der Weg ins Warenhaus der nächsten Stadt zu weit und zu aufwändig war. Sie besaßen kein gespartes Geld, das für den direkten Kauf höherwertiger Waren gereicht hätte, verfügten aber über ein bescheidenes Einkommen, das relativ sicher war. Es waren meist einfache Beamte und Arbeiter. Die Ratenhändler besuchten ihre Kunden einmal pro Woche, um die Rate zu kassieren und ihnen neue Ware zu verkaufen. Mit ihnen kam das Warenhaus zu den Kunden. Für die Juden war dies ein sehr mühsamer Beruf: Sie reisten sommers wie winters schwer bepackt, mit der Eisenbahn und zu Fuß, und mussten vom kargen Wochenlohn ihrer Kunden die fällige Rate eintreiben. Oft waren diese klamm und blieben die vereinbarte Zahlung schuldig. Ratenhändler zu sein und seinen Kunden nachlaufen zu müssen, war ein sehr unbequemes „jüdisches" Gewerbe.

Bedrängten die Juden Kunden auf der Straße?

Viele der kleinen jüdischen Altkleiderhändler in Wien mussten sich mühsam durchschlagen. Sie erwirtschafteten ein karges Einkommen in dunklen Kellern, ständig am Rande der Legalität oder gezwungenermaßen auch außerhalb. Wegen der strengen Zunftvorschriften konnten sie keine eigenen Geschäfte gründen. Um einen Gewerbeschein zu erhalten, musste man eine Innungs- oder Handelskammer-Ausbildung nachweisen: vom Lehrling über den Gesellen bis zum Meister. Die von den Behörden geforderten Lehrzeugnisse und Beschäftigungsnachweise konnten die eingewanderten

Juden um die Wende zum 20. Jahrhundert nicht erbringen. Für den Geschäftserfolg waren sie ohnehin nicht entscheidend. Diese kleinen Händler, als Menschen zweiter Klasse gedemütigt, begleitete bei ihren Geschäften die permanente Existenzangst. Da die jüdischen Altkleiderhändler keinen Gewerbeschein besaßen, handelten sie mit Kleidern auf offener Straße. Sie kauften den Passanten, die Geld brauchten, die Kleider für einen geringen Betrag ab und verkauften sie am nächsten Tag mit einem kleinen Aufschlag an die Ladeninhaber auf der Kleiderbörse.

Führten die Juden Scheinfirmen?

Jüdische Kaufleute mussten zur k. und k. Zeit manchmal zu Tricks greifen, um ihre Existenz trotz aller Hindernisse zu sichern. So durfte beipielsweise ein Handelsbetrieb nicht von einem Juden allein eröffnet werden, sondern nur, wenn er einen konzessionierten „Teilhaber" aufnahm.

Dieser erhielt monatlich einen bestimmten Betrag dafür, dass er die Rechte überließ, und „beteiligte" sich oft an vielen jüdischen Firmen, die er nie von innen sah. Zur Not wurde auch ein Gewerbeschein auf einen eingesessenen Bürger ausgestellt, der nichts vom Geschäft verstand, aber prozentual daran beteiligt war. In Wien traten oft türkische Händler griechischer Herkunft als Teilhaber auf. Junge Handlungsgehilfen, die sich selbstständig machen wollten, mussten sich häufig der Dienste eines Vermittlers bedienen. Leute mit guten Beziehungen zum Magistrat oder zur Statthalterei waren gefragt. Juden mussten manchmal bestechen, um arbeiten zu dürfen.

Wendeten die Juden unmoralische Geschäftspraktiken an?

Die christlichen Kaufleute haben sich häufig an den Geschäftspraktiken der Juden gestört, warfen ihnen sogar Betrug vor. Im Gegensatz zu heute war damit jedoch keine arglistige, auf Vermögensschädigung gerichtete Täuschung gemeint, sondern oft nur, dass die Juden bei ihren Geschäften keine Rücksicht nahmen auf die beste-

henden Sitten und Gebräuche im Handel. Sie verstießen zwar nicht gegen das Gesetz, wohl aber gegen die kaufmännische Tradition. Jüdische und christliche Kaufleute befolgten nämlich zwei völlig verschiedene Wirtschaftsprinzipien: Seit dem Mittelalter herrschte eine Wirtschaftsordnung mit strenger ständischer Gliederung. Produzenten und Händler sollten ihr Auskommen finden in einem Gebiet, das wirtschaftlich klar begrenzt war. Unbegrenztes Streben nach Gewinn galt als unstatthaft und unchristlich.

Wettbewerb fand nur über Landesgrenzen hinweg statt. Im Landesinnern dagegen war die direkte Konkurrenz zwischen den Wirtschaftsteilnehmern ausgeschlossen. Jeder Einzelne erhielt sein Betätigungsfeld zugewiesen. Auf diesem konnte er schalten und walten, wie es Sitte und Tradition zuließen. Verpönt war es, auf das Wirtschaftsgebiet des Konkurrenten zu schielen. Die Wirtschaftseinheit des Bauern umfasste so viel Land, Wald oder Weide, wie er zum Erhalt seiner Familie brauchte. An diesem Ideal, dem Besitzanspruch des Bauern, orientierten sich alle weiteren Regeln für Handel und Gewerbe: Auch Händler und Produzenten sollten, wie die Landwirte, einen abgegrenzten Wirtschaftsbezirk haben, der nur ihnen zustand und in dem sie von Konkurrenten unbehelligt blieben. Gleich dem Landbesitz des Bauern musste auch der Kundenstamm des Händlers eine gewisse Größe haben, damit eine Existenz möglich war. Dieses Ziel verfolgte die kaufmännische Moral. Recht und Sitte dienten dazu, Produzenten und Händler gegen Konkurrenz untereinander zu schützen.

Nach gängiger Geschäftsmoral waren die Kaufleute daher gezwungen, in ihrem Laden auf Kunden zu warten. Aufgrund des fest zugesicherten Absatzgebietes mussten diese zwangsläufig zu ihnen kommen. Der „Kundenfang", also das Abwerben von Kunden der Konkurrenten, war strengstens verpönt. Noch bis ins 18. Jahrhundert galt es selbst in Weltstädten wie London als unschicklich, wenn ein Kaufmann seinen Laden prachtvoll einrichtete und mit dekorierten Auslagen die Kunden anlockte. Allein die Qualität der Waren sollte den Wettbewerb ausmachen und beim Käufer den Ausschlag geben.

Zum kaufmännisch „unerlaubten Gebaren" zählte lange Zeit auch die Geschäftsanzeige. Überhaupt verachtete man jede Form der

Anpreisung. Erst allmählich, nachdem man zunächst nur Werbezettel verteilt hatte, gewöhnte sich die Geschäftswelt an die Zeitungsanzeige. Öffentlich bekannt gemacht wurden vorher lediglich: der Verkauf und die Abfahrt von Schiffen, die Annahme von Schiffsladungen durch die Kompanien und der Bau neuer Fabriken. Die Geschäftsannonce, selbst in der einfachsten Form, fehlte. Sie bürgerte sich erst im 18. Jahrhundert ein.

Während die Geschäftsanzeige allmählich akzeptiert wurde, galt die Geschäftsreklame, also das aggressive Anpreisen von Waren mit dem Hinweis auf besondere Vorzüge, als geradezu „verwerflich". Die Ankündigung, man sei billiger als die Konkurrenz, war der Gipfel kaufmännischer Unanständigkeit. Ein öffentlicher Hinweis darauf, dass man die Preise der Konkurrenten unterbot, war nach damaliger Auffassung nicht nur unschicklich – es galt als „schmutzig". In einem Besitzstandsdenken, das festen Absatz garantierte, durften die Warenpreise eine gewisse Mindesthöhe nicht unterschreiten. Eine Preisunterbietung, noch dazu öffentlich bekannt gemacht, galt als die letzte Verzweiflungstat eines unsoliden Kaufmannes.

Demgegenüber musste das Geschäftsverhalten der Juden als Inbegriff der Würdelosigkeit erscheinen. In den Augen der christlichen Kaufleute verstießen jüdische Händler ständig gegen die bestehende Wirtschaftsordnung und kaufmännische Gesinnung und damit gegen Sitte und Recht. Jüdische Geschäftstätigkeit, abwertend „Judenkommerz" genannt, brachte in den Augen der etablierten Kaufleute Handel und Wirtschaft durcheinander und galt als „unsolide". Man beschimpfte sie als „Lug und Trug", öfters auch als „Betrug".

In Zeiten, in denen der Kapitalismus noch in den Kinderschuhen steckte, verachtete man die Juden als Repräsentanten eines rein gewinnorientierten Wirtschaftsstrebens. Sie selbst empfanden ihre Handlungsweise nicht als ordnungswidrig, unsittlich oder unerlaubt. Somit sahen sie auch keinen Grund, aus ihrer Gewinnabsicht einen Hehl zu machen und die Vermehrung ihres Vermögens mit Heimlichkeit zu belasten.

Weil sie ihren Geschäften ganz offen nachgingen, weil sie sich zum Wettbewerbsprinzip frei bekannten, galten sie als rücksichtslos, als diejenigen, die geschäftliche Interessen hartherzig verfolgten.

Zahlreiche Beschwerden der deutschen Zünfte über die „unmoralischen" Geschäftspraktiken der Juden waren die Folge: Jüdische Geschäftätigkeit ignoriere die zunftmäßige Abgrenzung von Gewerbe- und Handelsbetrieben, sie greife auf andere Branchen über, sie störe die zünftlerische Ordnung, sie lege Handel und Produktion zusammen und strebe ungebremst nach Expansion.

Waren die Juden Preisschleuderer?

Christliche Kaufleute beschwerten sich, dass die Juden „schleuderten", das heißt die Preise verdarben. Während die Nichtjuden „auf die Preise hielten", lockten die jüdischen Kaufleute ihre Kunden durch niedrige Preise an. Spekulationen darüber, wie die Juden ihre „schmutzige Praktik" der Preisunterbietung durchhalten konnten, schossen ins Kraut. Der kleinbürgerliche Krämergeist argumentierte so: Da jüdische Geschäftsleute bei gleichen Waren die gleichen Kosten hatten, konnte ein niedrigerer Preis nicht mit rechten Dingen zugehen.

Die Preisunterbieter mussten folglich unrechtmäßig, durch Diebstahl oder Raub, in den Besitz der Waren gekommen sein. Das schlechte Image der Juden (vgl.: Juden im Mittelalter – Sind Juden Hehler?) machte diese Erklärung um so wahrscheinlicher. Schon die Preisunterbietung selbst bestätigte den Nichtjuden ihren Verdacht. So entstanden die zahlreichen Gerüchte: Die Qualität der Waren sei schlecht, die Waren seien gestohlen oder verdorben, bloß von schönem Schein, oder sie seien quantitativ zu gering gewogen und bemessen.

In Wahrheit konnten die Juden billiger verkaufen aus drei Gründen:

Erstens stellten sie weniger Ansprüche. Der jüdische Kaufmann begnügte sich mit einer kleineren Gewinnspanne als der christliche. Weil die Juden sparsamer lebten, konnten sie günstiger anbieten als die Nichtjuden. Auch wohlhabende Juden kleideten sich eher unauffällig und vermieden es, den Neid ihrer Umwelt zu wecken. Weil sie in der bürgerlichen Gesellschaft nicht repräsentieren mussten, konnten sich die Juden mit weniger Profit begnügen als die Nichtjuden. Der Erwerb von Landbesitz war ihnen verboten, zur feudalen

Verschwendung hatten sie keine Gelegenheit, die „standesgemäße" Lebensführung war ihnen fremd (vgl.: Juden und Geld – Sind alle Juden geldgierig?).

Zweitens nahmen die Juden keinen Anstoß an Geschäften, die in Zunftkreisen verpönt waren. Diese waren zwar nicht ungesetzlich oder kriminell, wohl aber hatten sie in den Augen der ehrbaren christlichen Kaufleute etwas Anrüchiges: der Handel mit verpfändeten und vom Zoll konfiszierten Waren; der Handel mit Waren aus gerichtlichen Auktionen; der Handel mit Waren, die sie überschuldeten Kaufleuten billig abkauften, und der Handel mit Waren aus Konkursmassen. Die „anrüchige" Herkunft dieser Güter schreckte die jüdischen Kaufleute nicht davon ab, sie günstig zu erwerben und zu niedrigem Preis auf dem Markt anzubieten.

Drittens jedoch führte vor allem die Beschleunigung des Umsatzes zu niedrigeren Preisen. Obwohl die maschinelle Produktion die Herstellungskosten der Waren stark gesenkt hatte, kalkulierten die etablierten Händler ihre Preise mit unverändert hoher Gewinnspanne. Die niedrigeren Einkaufspreise nutzen sie, um ihren Gewinn zu erhöhen. Jüdische Unternehmer hingegen senkten ihre Preise und kalkulierten mit niedriger Gewinnspanne. Sie erkannten, dass es rentabler war, viel Umsatz mit wenig Gewinn zu machen, als wenig Umsatz mit viel Gewinn. Was heute im Handel als betriebswirtschaftliche Kennzahl „Lagerumschlagshäufigkeit" bezeichnet wird, ließ sich jedoch damals nur schwer mit der „Würde" der christlichen Kaufleute vereinbaren (vgl. Juden und Wirtschaft – Wenden die Juden unmoralische Geschäftspraktiken an?).

Waren die Juden Ausbeuter?

Der technische Fortschritt, im Zuge der industriellen Revolution entstanden, rückte zu Beginn des 19. Jahrhunderts die Maschinenarbeit in den Vordergrund. Immer mehr Waren wurden mit immer weniger Arbeitern produziert. Fabrikanten, die eine neue Stoffschneidemaschine in Betrieb nahmen, entließen die Arbeiterinnen, die zuvor die Schals zugeschnitten hatten. In der Ziegelproduktion übernahmen die Bearbeitung des Tons Maschinen, die mit Pferdekraft betrieben wurden. Das Produktionsverfahren war billiger als

die Dienste von Facharbeitern. Der Hass der entlassenen Fabrikarbeiter richtete sich gegen die Juden, auch wenn es keine *jüdischen* Fabrikanten waren, die diese Methode eingeführt hatten. Die Arbeiter setzten den Begriff *Jude* mit *Maschine* und *Fabrik* gleich. Fabrikanten galten als Feinde und Ausbeuter des „Proletariats". Indes, die Arbeiter wurden tatsächlich ausgebeutet: den Manchesterkapitalismus leugnen zu wollen, mit seinen zwölf- bis vierzehnstündigen Arbeitstagen in den Textilfabriken und der Kinderarbeit in den Kohlengruben, wäre absurd.

Und wo Juden unter den Fabrikbesitzern waren, wurden die Arbeiter auch von Juden ausgebeutet, andernfalls wurden sie genauso von *nichtjüdischen* Fabrikanten ausgebeutet.

Das Zunftgewerbe und die kleinen bürgerlichen Kaufleute waren gegen die Gewerbefreiheit, weil diese sie der industriellen Konkurrenz durch die Fabriken auslieferte. Auch konnten die Handwerker ihre patriarchalische Betriebsführung nicht mehr aufrechterhalten. Arbeitern in den Fabriken erging es oft besser als den Lehrlingen und Gesellen, die in den Werkstätten christlicher Handwerksmeister ausgebeutet wurden. Trotzdem entstand das Klischee vom *jüdischen* Fabrikanten als Ausbeuter.

Weshalb waren unter den Fabrikanten viele Juden?

Seit dem Mittelalter war die Wirtschaft in Mitteleuropa stark zünftisch geprägt: Handwerk und Zünfte standen in strenger Traditionsfolge, nur organisierte Mitglieder konnten die vorbestimmte Ausbildung vom Lehrling über den Gesellen zum Meister absolvieren. Nicht-Mitglieder, also auch Juden, blieben ausgeschlossen und durften kein Handwerk ausüben (vgl.: Juden im Mittelalter – Weshalb sind so viele Juden im Handel tätig?). Mit Erfindung der Dampfmaschine im 18. Jahrhundert entstanden Fabrikarbeit und Massenproduktion. In der langwierigen Ausbildung der Handwerker kam überwiegend Werkzeug zum Einsatz, die Maschine blieb die Ausnahme. Zum Bedienen der Maschinen genügten einfache, ungelernte Arbeiter.

Die Produktion von Massenartikeln durch billige Arbeitskräfte senkte die Preise so stark, dass die Handwerksbetriebe nicht mehr

mithalten konnten. Handwerksmeister, die durch die neue Konkurrenz pleitegingen, mussten selbst in der Fabrik als Vorarbeiter anheuern. Das machte die Juden zum Feind der etablierten Gewerbetreibenden, dabei war jenen gar nichts anderes übrig geblieben, als Fabrikanten zu werden. Die meisten anderen Wege waren ihnen versperrt, und im Gegensatz zu den Christen besaßen sie Kapital oder konnten sich Kredit beschaffen (vgl.: Juden im Mittelalter – Wie kamen die Juden zum Geldgeschäft?).

Mit dem Beginn des Industriezeitalters traf der Kapitalbedarf der Wirtschaft auf die jahrhundertelange Erfahrung der Juden im Geldgeschäft. Sie erfassten den neuen Trend schneller als alteingesessene Handwerksmeister, die eisern an ihrer Tradition festhielten. Natürlich hätten auch diese die Möglichkeit gehabt, industriell zu produzieren. Doch im Gegensatz zu den jüdischen Fabrikanten mangelte es ihnen an Kapital und Weitsicht. Zu Kreditaufnahmen waren sie nicht bereit. Von großer Vorsicht geprägt, verabscheuten sie Schulden und vermieden jedes Risiko. Sie waren auch nie gezwungen gewesen, viel zu riskieren. Die jüdischen Geschäftsleute dagegen waren Risiken gewöhnt, diese waren schon immer ein Teil ihres Lebens gewesen. Weshalb sollten sie die neuen Chancen jetzt nicht nutzen, wenn sie noch dazu den wirtschaftlichen Weitblick besaßen?

So wurden die Juden zu Vorreitern des neuen expansiven Kapitalismus: Sie bauten Fabriken auf Kredit, kauften auf Kredit Rohstoffe ein und streckten dem Handel ihre Waren auf Kredit vor. Die Konsumwirtschaft war geboren.

Waren die Juden schuld am Niedergang des Mittelstandes?

Von den enormen Auswirkungen in Gesellschaft und Wirtschaft, die die industrielle Revolution mit sich brachte, waren die Arbeiter und der bürgerliche Mittelstand am stärksten betroffen: Handwerker, kleine Händler, freie Berufe, mittelständische Kaufleute und Bauern. Auch der neu entstandene Mittelstand der Unselbstständigen: Beamte und Angestellte. Viele kleine Gewerbetreibende hatten die Chancen des Industriezeitalters nicht erkannt oder kamen mit

den Veränderungen nicht zurecht. Der wirtschaftliche Aufschwung ging an ihnen vorbei. Die Schuld dafür gaben sie den jüdischen Fabrikanten (vgl.: Juden und Wirtschaft – Weshalb waren unter den Fabrikanten viele Juden?).

Während die unzufriedenen Proletarier der Arbeiterbewegung beitraten und sozialistischem Gedankengut anhingen, hielt der Mittelstand noch immer fest an der alten Wirtschafts- und Zunftordnung. Diese schützte ihn vor Konkurrenten und garantierte ihm durch viele Regeln eine bescheidene wirtschaftliche Sicherheit (vgl.: Juden und Wirtschaft – Wenden die Juden unmoralische Geschäftspraktiken an?). Verantwortlich für die neue Misere war, nach Ansicht des Mittelstandes, der Liberalismus, der die revolutionären Veränderungen erst ausgelöst hatte. Als Vertreter dieser neuen, verhassten Ordnung galten die Juden. Diese Annahme bestand zu Recht. Die Juden waren große Anhänger der neuen liberalen Ordnung, weil sie ihnen die gesellschaftliche Emanzipation gebracht hatte.

Auch dass manche Juden bei der Entstehung des industriellen Kapitalismus eine zentrale Rolle gespielt hatten, rückte sie wieder negativ in den Mittelpunkt und machte sie zu vermeintlich Schuldigen.

Brachten die Juden besonders gute Voraussetzungen mit für den Kapitalismus?

Die Juden, jahrhundertelang gesellschaftlich ausgegrenzt, waren zu einem besonderen Verhalten in der Wirtschaft gezwungen, das später hervorragend dazu geeignet war, um im Industriezeitalter Erfolg zu haben. Von den Zünften ausgeschlossen, mussten sie sich stärker um Kunden bemühen als ihre christlichen Konkurrenten. Diese verfügten über einen festen Kundenstamm und brauchten an Wettbewerb und Werbung nicht zu denken. Daher nahmen die Juden eine bedeutende Rolle ein, als der industrielle Kapitalismus in Deutschland begann.

In der zweiten Hälfte des 19. Jahrhunderts geschah die entscheidende Wende: die „Emanzipation" der Juden durch den Liberalismus, die Gewerbefreiheit und die sozialen Auswirkungen der industriellen Revolution. Jahrhundertelang hatten sich die Juden ökono-

mischen Weitblick erworben, ihre internationale Handelserfahrung über Generationen weitergegeben. Der ständige Kampf gegen die engstirnigen Zunftbeschränkungen und deren Minimalproduktion hatte die Juden geprägt, so waren sie für den Kapitalismus gut gerüstet. Aber schon Ende des 19. Jahrhunderts ging ihr Einfluss in der Wirtschaft zurück, weil auch die Nichtjuden inzwischen die Regeln des Kapitalismus gelernt hatten.

Waren die Juden Inflationsspekulanten?

Das Klischee vom jüdischen Spekulanten, der auf Kosten der notleidenden Bürger an der Inflation verdient, taucht immer wieder auf: im Jahr 1648, nach dem Dreißigjährigen Krieg; im Jahr 1814, nach dem Ende der Napoleonischen Kriege, oder in den 1920er Jahren, nach dem Ersten Weltkrieg. Wegen ihrer Handelsverbindungen (vgl.: Allgemeines – Verkehren Juden nur untereinander?) konnten die Juden in den Nachkriegszeiten, wenn die Wirtschaft am Boden lag, begehrte Mangelware am ehesten besorgen. Wie immer in Krisensituationen, wenn Schleichhandel, Schiebung und Schwarzmarkt blühten, wurde mit der knappen Ware auch gutes Geld verdient. Dies brachte den jüdischen Händlern den Hass derer ein, die die Juden zwar als Lieferanten dringend benötigten, sie aber gleichzeitig als Profiteure der allgemeinen Not, als „Kriegsgewinnler" anprangerten.

Ob bei den Missernten im Jahr 1760, den Schlechtwetterjahren von 1768/69, der Hungersnot von 1770/71 oder den Inflations- und Hungerjahren 1816/17 nach den Napoleonischen Kriegen – die Schuld an den steigenden Getreidepreisen schob man stets den Juden zu. Diese hätten angeblich das Getreide gehortet, um damit Wucherhandel zu treiben, während Tausende von Menschen an Hunger starben und Kranke und Kinder wegen Ernährungsmangel dahinsiechten. Vom „Kornwucher" war die Rede, der Ausdruck „Kornjude" wurde zum neuen Schimpfwort. Dabei strichen in Wahrheit adlige und kirchliche Gutsbesitzer als Getreideproduzenten den Hauptgewinn ein. Sie benutzten die Juden wegen deren guten Handelsbeziehungen, um die Getreidespekulation zu organisieren.

Der Erste Weltkrieg schließlich führte nicht nur zur militärischen Niederlage Deutschlands, sondern zerstörte auch die bis dahin blühende Wirtschaft. Mit den Gebietsabtretungen von Elsass-Lothringen und Ostoberschlesien gingen wichtige Teile der deutschen Industrie und Rohstoffquellen verloren. Dies verschlimmerte die wirtschaftliche und soziale Situation Deutschlands, das 31 Milliarden Goldmark an Geld- und Sachwerten als Reparationen zu leisten hatte. Wegen der Beschlagnahme der deutschen Handelsflotte und der deutschen Kapitalanlagen im Ausland fielen die Deviseneinnahmen aus. Durch den Verlust der östlichen Provinzen Posen und Westpreußen, wichtiger Agrargebiete, mussten jetzt mehr Nahrungsmittel als vor dem Krieg eingeführt werden.

In den 1920er Jahren galten die Juden nicht nur als die Drahtzieher von Revolutionen, als zerstörerische Bolschewiken und Kämpfer der Linksparteien, sondern zugleich als skrupellose Kriegsgewinnler, die Millionen gescheffelt hatten, während die Soldaten an der Front gestorben waren.

Jüdische Spekulanten der Nachkriegszeit waren angeblich daran schuld, dass adlige Frauen für Lebensmittel nicht nur ihren Schmuck, sondern auch sich selbst verkaufen mussten. Auch daran, dass ehemalige Offiziere sich jetzt als Vertreter durchschlugen und Beamtenfamilien ihren bürgerlichen Wohlstand verramschten. Die Juden, ewig als Fremde diskriminiert und als Feinde verfolgt, neigten nicht zur Sentimentalität, wenn es darum ging, unter den neuen Verhältnissen zu überleben.

Nicht alle Inflationsspekulanten damals waren Juden, aber manche unter ihnen stachen als wahre Glücksritter der Inflation hervor, wie zum Beispiel Jacob Michael oder der Rabbinersohn Camillo Castiglioni. Sie nutzten das Wesen der Inflation, indem sie möglichst viele Waren oder ganze Firmen auf Kredit aufkauften und ihre Schulden später mit entwertetem Geld zurückzahlten. So häuften einige von ihnen große Vermögen an.

Es waren hauptsächlich jene Inflationsjahre nach dem Ersten Weltkrieg, in denen viele Betriebe bankrottgingen, die Beschäftigten arbeitslos wurden und viele Menschen wegen des Währungsverfalls ihre Sparguthaben verloren, die das Bild vom jüdischen Inflationsspekulanten geprägt haben. Obwohl auch einige deutsche Industri-

elle, der bekannteste unter ihnen Hugo Stinnes, durch die Inflation reich wurden.

Waren die Juden schuld an der Großen Depression in Amerika?

Die Depression der 1930er Jahre traf neben den Industriearbeitern besonders die amerikanischen Bauern, weil die Preise für landwirtschaftliche Produkte stark gefallen waren, Raubbau und Dürreperioden das Land verwüstet hatten.

Hundertausende von ihnen waren ohne Perspektive, gaben ihren Besitz auf und versuchten ihr Glück in Kalifornien. Diese Situation machte sich der katholische Priester Charles Coughlin zunutze: In seinen Radiosendungen hetzte er mit antisemitischen Reden die bankrotten Bauern und erwerbslosen Industriearbeiter gegen die Juden auf. Angeblich seien diese schuld an der Depression – eine wirkungsvolle Lüge. Der Einfluss der Juden in der amerikanischen Wirtschaft war viel zu gering, um eine solche Krise verursachen (vgl.: Juden und Börse – Haben die Juden in den 1920er Jahren die Wallstreet beherrscht?, und: Waren die Juden vom großen Börsencrash 1929 nicht betroffen?). Besonders in Detroit, der Hochburg der Automobilindustrie, wo die Arbeitslosigkeit am größten war und keine Hoffnung auf Besserung bestand, war Coughlin leider sehr populär.

Haben Juden nach dem Zweiten Weltkrieg die amerikanische Wirtschaft beherrscht?

Nach dem Zweiten Weltkrieg wurden die Zulassungsbedingungen für jüdische Studenten an amerikanischen Universitäten gelockert, nur in der freien Wirtschaft blieben die Juden immer noch unterrepräsentiert. Allein im Handel hatte sich ihre Situation stark verbessert. Während des Krieges waren Konsumgüter knapp und rationiert gewesen, nun stiegen Produktivität und Konsum. Einzelhändler, die in den dreißiger Jahren kaum Gewinn erzielten, verdienten Ende der Vierziger plötzlich prächtig. Die jüdischen Besitzer expandierten geschäftlich, und privat wechselten sie von der Mietwohnung ins Eigenheim.

Dieser Erfolg der Juden blieb jedoch auf den Handel beschränkt. In den wichtigen Branchen der USA waren Juden nicht vertreten: In der Schwer- und Automobilindustrie, in den großen Handels- und Industriekonzernen und in den Banken und Versicherungen. Trotz des rasant steigenden Wachstums der Nachkriegsjahre, in denen sich das Bruttosozialprodukt der Vereinigten Staaten vervierfachte, blieben die Juden von höheren Positionen in amerikanischen Unternehmen ausgeschlossen.

Waren die Juden schuld an der Ölkrise von 1973?

Viele haben das Bild noch klar vor Augen: Im Herbst / Winter des Jahres 1973 konnte man auf den Hauptverkehrsstraßen der Bundesrepublik Deutschland am helllichten Tag spazieren gehen, Kinder spielten auf offener Straße Fußball. An mehreren Sonntagen waren die Straßen wie leergefegt, nur Polizei, Krankenwagen und Feuerwehr durften mit einem Kraftfahrzeug unterwegs sein, denn es herrschte landesweites Fahrverbot. Auslöser war der Ölboykott der arabischen Staaten und die daraus folgende Weltenergiekrise. Wie war es dazu gekommen?

Während des Jom Kippur-Krieges im Oktober 1973 übten die erdölexportierenden arabischen Staaten durch den Ölboykott heftigen Druck auf die westliche Welt aus: Diese sollte Israel ihre politische Unterstützung entziehen. Für die Juden, die vermeintlichen Verursacher der Ölkrise, ging es in diesem vierten arabisch-israelischen Krieg seit der Gründung des Staates Israel um nichts weniger als die Sicherung ihrer Existenz im Nahen Osten. Antisemiten schoben Israel die Schuld daran zu, dass die arabischen Länder versucht hatten, den Westen zu erpressen.

Juden und Warenhäuser

Sind die Warenhäuser eine „jüdische Erfindung"?

Nein, denn schon in der zweiten Hälfte des 19. Jahrhunderts gab es in Frankreich große Warenhäuser, die nicht-jüdischen Ursprungs waren, ebenso wie das Londoner Warenhaus Whiteley. Das erste große Warenhaus der Welt, das *Bon Marché* in Paris, wurde im Jahr 1852 von dem praktizierenden Katholiken Aristide Boucicaut gegründet. Es ging aus einem Textilgeschäft (*magasin de nouveautés*) hervor und wurde 1869 zu einem neuen Warenhaus mit breitem Sortiment umgebaut. Die *magasins de nouveautés* ihrerseits entwickelten sich aus kleinen Geschäften (*Boutiquen*) und waren die Vorläufer.

Den entscheidenden Schritt zum Warenhaus machte als erster Boucicaut. In mehreren Bauabschnitten errichtete er bis zum Jahr 1887 einen Gebäudekomplex mit einer Fläche von 52.800 qm, wovon 25.000 qm als Verkaufsraum dienten. Drei Jahre später arbeiteten dort sechshundert Beschäftigte. Das *Bon Marché* lockte seine Kunden mit einer neuen technischen Erfindung, dem ersten Aufzug der Stadt, mit einer prachtvollen Ausstattung und einem reichen Sortiment, was in diesem Umfang bis dahin völlig unbekannt gewesen war. Bald wurde das *Bon Marché* zum Vorbild für Warenhäuser in der ganzen Welt, und von überallher pilgerten Kaufleute nach Paris, um dieses einzigartige Konzept zu bewundern. Bis zum Ersten Weltkrieg blieb es Marktführer in der Branche und sein Name wurde zum Synonym für „Warenhaus". Das Warenhaus ist also keine „jüdische Erfindung, um den braven Deutschen das Geld aus der Tasche zu ziehen".

Weshalb gab es unter den Warenhausbesitzern so viele Juden?

Vor allem jüdische Unternehmer brachten diese neue Geschäftsform, von Nichtjuden im Ausland entwickelt, in den 1880/90er Jah-

ren nach Deutschland. Im Dritten Reich befanden sich rund achtzig Prozent der Warenhäuser in jüdischem Besitz. Wie kam es zu einer solchen Dominanz?

Die Gründer der großen deutschen Warenhäuser stammten fast alle aus dem Örtchen Birnbaum in der Provinz Posen (heute Polen). Die Warenhausunternehmer Hermann und Oskar Tietz (später Hertie), Leonhard Tietz (später Kaufhof), die Geschwister Knopf (Karlsruhe) sowie die Gebrüder Ury und Joske (Leipzig) gehen auf jüdische Familien aus Birnbaum zurück. Auch die Eltern von Simon und Salman Schocken, den Gründern des Schocken-Konzerns (später Horten), und Hermann Wronker, dem Gründer des gleichnamigen Frankfurter Warenhauses, stammten von dort. Bei den Birnbaumer Juden kursierte die Warenhausidee und führte zu Firmengründungen in ganz Deutschland.

Weshalb begeisterten sich die Juden für diese neue Geschäftsform?

Die Juden hatten sich von den preußischen Reformen den gesellschaftlichen Aufstieg erhofft und wählten Branchen, in denen sie die größte Erfahrung hatten und somit die besten Erfolgschancen (vgl.: Juden und Warenhäuser – Machte es den Juden nichts aus, ihre Heimat zu verlassen?). Seit dem Mittelalter waren dies der Geldverleih und der Handel (vgl.: Juden im Mittelalter – Weshalb sind so viele Juden im Handel tätig?, und: Wie kamen die Juden zum Geldgeschäft?). Die höheren Positionen in Verwaltung und Armee blieben den Juden bis zur Weimarer Republik versperrt. So wählten sie erneut den Handel und die damit verbundene Konsumgüterindustrie. Eine Branche, die durch hohen Kapitalbedarf und maschinelle Produktion bestimmt war (vgl.: Juden und Wirtschaft – Weshalb waren unter den Fabrikanten viele Juden?).

Das Handelsgeschäft der Warenhäuser hatte sich ursprünglich aus dem Textilhandel entwickelt, und am Tuchhandel und der Textilindustrie lässt sich die Entwicklung auch am besten verstehen. Viele der Fabrikbesitzer waren technisch sehr versierte Erfinder. Ihre Produkte wie Webstühle, Strick- oder Nähmaschinen sprachen für sich. Den Gründern gelang es jedoch selten, ihre technische Idee auch

erfolgreich zu vermarkten. Diese Aufgabe übernahmen jetzt kaufmännisch denkende Unternehmer. Dabei mussten die jüdischen Textilhändler als Kaufleute kreativer und untereinander solidarisch sein, um sich ihren Platz in der kapitalistischen Ellenbogengesellschaft zu erobern. Der Handel, speziell der Textilhandel, wurde zur Wachstumsbranche. Die Juden nutzten dabei die sich ihnen bietenden Entfaltungsmöglichkeiten und besetzten lukrative Nischen. Ende des 19. Jahrhunderts war das Warenhausgeschäft eine solche Nische.

Brachten die Juden besonders gute Voraussetzungen mit für diese Geschäftsform?

Ja, die neue Entwicklung kam den Birnbaumer Juden sehr gelegen, auch wenn nicht alle Klein- und Trödelhändler zu Warenhauskönigen aufstiegen. Schließlich bargen die neuen Möglichkeiten auch enorme wirtschaftliche Risiken. Manche Juden zogen es vor, weiterhin ein bescheidenes Einkommen als Trödler zu verdienen (vgl.: Juden im Mittelalter – Wie kamen die Juden zum Pfandleih- und Trödelgeschäft?). Der Trödelhandel bildete die Grundform des Gemischtwarenhandels. Er führte, wie die späteren Warenhäuser, ein sehr breites Sortiment. Historisch betrachtet ist das Warenhaus ein riesiger Gemischtwarenhandel.

Die Idee des Gemischtwarengeschäfts und die des Fachgeschäfts sind im Warenhaus kombiniert. Die Aufgabe der Fachgeschäfte übernehmen dabei die einzelnen Abteilungen des Warenhauses. Der Charakter eines Fachgeschäfts kommt auch darin zum Ausdruck, dass viele Warenhäuser aus einem Textil- oder Kurzwarengeschäft entstanden sind.

Von Verwandten im Ausland und aus eigener Anschauung lernten die Birnbaumer Juden nun diese neue erfolgreiche Betriebsform des Einzelhandels kennen. Begünstigt durch ihre Erfahrung im Handel und die politischen Umstände, fiel die Geschäftsidee bei ihnen auf fruchtbaren Boden.

Wurden alle Warenhäuser von Juden gegründet?

Nein, der größte deutsche Warenhauskonzern, die Karstadt AG, wurde von Rudolf Karstadt gegründet, der kein Jude war. Auch er erkannte die Zeichen der Zeit im Einzelhandel und eröffnete, nachdem er zuvor reine Textilgeschäfte betrieben hatte, im Jahr 1912 sein erstes Gemischtwarenhaus in Hamburg. Von dort expandierte er in ganz Deutschland: Er übernahm die Warenhäuser seines Bruders und andere Kettenbetriebe, darunter auch einige jüdische Warenhäuser, erreichte mit seinen 91 Häusern im Jahr 1931 einen Umsatz von 300 Millionen Reichsmark und avancierte damit zum größten Warenhauskonzern Europas.

Die Warenhausfirmen, die hinter Karstadt rangierten, Kaufhof, Hertie und Horten, gehen alle auf jüdische Gründer zurück. Ebenso das exklusive Warenhaus Wertheim, das auf Berlin beschränkt blieb. Die jüdischen Warenhausgründer übernahmen während ihrer Expansion meist andere jüdische Warenhäuser.

Leonhard Tietz gründete 49 Warenhausbetriebe, die im Jahr 1933 zusammen 190 Millionen Reichsmark umsetzten, bevor sein Konzern unter der Naziherrschaft zwangsweise in die *Westdeutsche Kaufhof AG* „überging". Die Warenhauskette von Hermann und seinem Neffen Oskar Tietz wurde 1933 aus den gleichen Gründen in Hertie umbenannt. 1991 wurde Hertie von Karstadt geschluckt.

Die 19 Kaufhäuser, die die Gebrüder Simon und Salomon Schocken im Jahr 1931 mit 88 Millionen Reichsmark Umsatz betrieben, gingen 1938 zwangsweise in die „arische" Merkur AG über, die 1953 von der Horten AG gekauft wurde. Die Horten AG wurde 1994 von der Kaufhof AG übernommen, die seit 1987 mehrheitlich zur Großhandelskette Metro gehört. Von den bekannten deutschen Warenhäusern gehen also alle, bis auf Karstadt und die Billigpreis-Kette Woolworth, auf jüdische Gründer zurück.

Weshalb waren die Warenhausfirmen so stark miteinander verflochten?

In der Tat finden wir bei den jüdischen Warenhausfirmen eine Verknüpfung von familiären und verwandtschaftlichen Bezie-

hungen wie selten in einer Branche. Diese Verflechtung war für Außenstehende nur schwer zu durchschauen und erregte deshalb das Misstrauen gegen die Warenhäuser. Das Netz der vielen Familienmitglieder und Verwandten war jedoch Voraussetzung, um Zweiggeschäfte zu errichten und schnell expandieren zu können (vgl.: Allgemeines – Verkehren Juden nur untereinander?). Jahrhundertelang schloss man die Juden von den Zünften aus, daher mussten sie eigene Einkaufs- und Verkaufsgemeinschaften bilden. Dazu gehörten auch Familienangehörige im Ausland. Viele der Warenhausbesitzer waren verheiratet mit der Schwester eines anderen Firmeninhabers. Durch Anschlussgeschäfte und Einkaufsgemeinschaften profitierten die Warenhäuser von günstigen Einkaufsbedingungen.

Weshalb waren die Warenhäuser so erfolgreich?

Das Wort *Warenhaus* wurde in Deutschland bald zum Synonym für *Jude*, und mit dem Erfolg der Warenhäuser flammten die alten Klischees wieder auf. Es ist nicht erstaunlich, dass vor allem jüdische Händler die neuen Geschäftsmethoden einführten. Nur Kaufleute, die keiner örtlichen Zunft angehörten, konnten neue Ideen im Handel anwenden. Anregungen hierzu bekamen sie aus Frankreich und den USA. Während man dort die *Grand Magasins* und *Department Stores* schon kannte, waren die neuen Betriebsformen in Deutschland noch weitgehend unbekannt.

Keiner der jüdischen Warenhausgründer gehörte der örtlichen Kaufmannschaft an. Die Juden stammten meist nicht aus der Gegend, in der sie ihre Geschäfte betrieben, sie agierten unabhängig von den etablierten Kaufleuten und standen mit ihnen weder in geschäftlichem noch in privatem Kontakt. So mussten sie auch nicht um die Gunst und Loyalität der örtlichen Mitbewerber fürchten, wenn sie deren Geschäftsmethoden ignorierten, die die Zunft vorschrieb.

Antisemitische Vorurteile, religiös, wirtschaftlich und politisch motiviert, führten dazu, dass die nichtjüdischen Kaufleute die Warenhäuser in der Presse verleumdeten. Weil sie deren Erfolg nicht begriffen, bedienten sie sich, mangels anderer Erklärungen, der alten Klischees vom unehrlichen und betrügerischen Juden.

Beleuchtet man jedoch die historischen Hintergründe der Warenhäuser ein wenig, so stellt man fest, dass ihr Erfolg zwingend war: In der höfischen Kultur, von der Renaissance bis zum 18. Jahrhundert, war Konsum, der über das Lebensnotwendige hinausging, ein Privileg der Aristokraten und der wohlhabenden Bürger gewesen. Erst im 19. Jahrhundert entstand im Zuge der industriellen Revolution der moderne Massenkonsum.

Anfang des 19. Jahrhunderts war das Leben der meisten Menschen geprägt durch Manufaktur und Agrarkultur. Die meisten Leute lebten abgeschlossen von der übrigen Welt. Fast alle Kleider und Gegenstände des täglichen Bedarfs stellten sie selbst her. Das einfache Volk kannte keine große Auswahl an Kleidern. Wer *einen* Mantel besaß, trug ihn sein Leben lang. Ohne Maschinen blieb die Herstellung von Gütern unterentwickelt und die schlechte Infrastruktur verhinderte, das Wenige weiträumig zu verteilen. Transport und Handel bedeuteten Gefahr und Risiko.

Dagegen versprachen der Kleinhandel und das lokale Geschäft eine gewisse Sicherheit. Sie beruhten auf einem übersichtlichen und festen Absatzgebiet. Ernste Konkurrenten mussten die kleinen Händler und Handwerker nicht fürchten (vgl.: Juden und Wirtschaft – Wendeten die Juden unmoralische Geschäftspraktiken an?). Ein begrenztes Warenangebot, bedingt durch mangelhafte Produktionsverfahren, traf auf bedürfnislose und selbstgenügsame Kunden.

Die Erfindung der Dampfmaschine löste die Industrialisierung im 19. Jahrhundert aus und revolutionierte Wirtschaft und Transport. Produktionsverfahren wurden jetzt mechanisiert, handwerkliche Erzeugung auf Fabrikproduktion umgestellt, und die Transportwege verbesserten sich durch den Bau der Eisenbahn. Der neue Kapitalismus und die veränderte Gesellschaft befreiten Handel und Produktion aus den Zwängen der Zünfte. Immer mehr Waren wurden jetzt industriell, das hieß schneller und billiger gefertigt. Ende des 19. Jahrhunderts hatte sich Deutschland zur zweitgrößten Industrienation der Welt entwickelt.

Die Industrie fragte viele Arbeitskräfte nach, und außer Männern arbeiteten jetzt auch immer mehr Frauen und Jugendliche in den Fabriken, oft sogar ganze Familien. Diesen blieb nun keine Zeit mehr, Kleidung und Wäsche selbst herzustellen. So entstand ein großer Be-

darf an Fertigwaren. Die Gebrauchsgegenstände wurden jetzt industriell produziert. Wegen der zunehmenden Industrialisierung wuchs zugleich die Massenkaufkraft, da die Löhne der Arbeiter und Angestellten stiegen. Arbeiterfamilien lebten nicht mehr von der Hand in den Mund, sondern sparten Geld für größere Anschaffungen.

Auch die Kaufgewohnheiten änderten sich. An die Stelle des Einzelstücks, das individuell gefertigt war, trat das Fertigprodukt. Dieser Wandel vereinheitlichte Geschmack und Bedarf. Standesunterschiede wurden eingeebnet, auch die unterschiedliche Lebensform zwischen Stadt und Land. Das neue Zeitalter schuf die Grundlage für Massenartikel und Massenproduktion. Als Folge dieses Prozesses änderten sich auch die Vertriebsformen im Einzelhandel, was wiederum die Gründungen von Warenhäusern erst möglich machte.

Die jüdischen Warenhausunternehmer erkannten als Erste, wie sich das Industriezeitalter auf Handel und Konsum auswirkte und nutzten die Vorteile konsequent. Die etablierten Händler reagierten nur zögernd auf die neue Konkurrenz. Standen sie dem Phänomen der Warenhäuser zunächst fassungslos gegenüber, fühlten sie sich von der neuen Betriebsform bald angegriffen. Die alteingesessenen Kaufleute hatten nicht erkannt, dass die veränderten Produktionsverfahren auch Veränderungen im Einzelhandel nach sich zogen.

Gab es noch weitere Gründe für den Erfolg?

Ja, der Handel veränderte sich revolutionär, denn in den Warenhäusern bot man eine völlig neue Form der Dienstleistung an: Wenn Kunden den Laden betraten, bemühte sich zwar ein Verkäufer um sie, setzte sie jedoch beim Kauf nicht unter Druck. Die Kunden konnten die Waren in Ruhe begutachten, ohne sich deshalb zum Kauf verpflichtet zu fühlen.

Was heute im Umgang mit Kunden als selbstverständlich gilt, war damals etwas völlig Neues. Bis dahin fühlte man sich schon zum Kauf verpflichtet, wenn man ein Geschäft betrat. Käufer und Verkäufer betrachteten sich eher als Gegner denn als Geschäftspartner. Die Warenhausbesitzer jedoch erkannten, dass es langfristig lukrativer war, vielen Kunden das Warenangebot unverbindlich zu präsentieren, auch wenn nicht alle etwas kauften. Gerade dass man die

Warenhäuser unverbindlich betreten konnte, machte ihren großen Reiz aus.

Die Kulanz der neuen Einzelhandelsgeschäfte ging aber noch weiter: Hatten die Kunden einmal gekauft, konnten sie das Erworbene wieder umtauschen oder sogar zurückgeben, was bis dahin in Deutschland völlig unbekannt gewesen war.

Die Warenhäuser vertrauten voll auf die Qualität und die Absatzmöglichkeit ihrer Waren; entweder kaufte dieser Kunde oder der nächste. Um diesen Service betriebswirtschaftlich aufrechterhalten zu können, wurden im Gegenzug feste Preise eingeführt. Dies bedeutete strikte Barzahlung anstelle von Feilschen und Anschreibenlassen. Die Barzahlung löste den Kauf auf Pump ab, wodurch sich niedrigere Verkaufspreise rentierten, da die Preiskalkulation nicht mehr Kreditzinsen und Ausfallrisiko berücksichtigen musste. Die alten Einzelhändler hatten ihre Waren mit Zeichen versehen, die nur ihnen den Einkaufspreis verrieten. Den aktuellen Verkaufspreis bestimmten sie individuell nach dem Geldbeutel des jeweiligen Kunden.

Mit der Zeit stellten sich die Kunden auf die festen Preise ein. Sie erkannten, dass diese auch für sie von Vorteil waren, weil sie ihnen das mühsame Verhandeln ersparten. Nun konnten sie selbst kalkulieren, ob sie sich eine Ware leisten konnten, ohne sich dem Händler zu offenbaren. Der Kaufakt wurde anonymer und ließ dem Kunden mehr Entscheidungsfreiheit.

Unterstützt wurde diese neue Preispolitik durch eine Beschleunigung des Umsatzes. Die etablierten Händler hatten nicht erkannt, dass durch die Massenproduktion die Waren ihre Einmaligkeit verloren hatten und den Herstellern daran gelegen war, die Massenerzeugnisse schnell abzusetzen. Die Warenhäuser verzichteten auf ein großes Lager, schlugen die Waren zügig um, erreichten höhere Umsätze bei kleineren Gewinnspannen und niedrigen Preisen, erzielten mehr Gewinn und eine höhere Rentabilität (vgl.: Juden und Wirtschaft – Sind Juden Preisschleuderer?).

Bei den einkommensschwachen Schichten stärkten die niedrigen Preise die Kaufkraft, bei den Warenhäusern stärkten die hohen Umsätze die Einkaufsmacht. Die Warenhausbesitzer handelten mit den Produzenten größere Abnahmemengen aus, umgingen den

Großhandel und bestellten direkt beim Hersteller. Da die meisten Warenhäuser weitverzweigte Familienbetriebe waren, schlossen sie sich leicht zu Einkaufsgemeinschaften zusammen (vgl.: Juden und Warenhäuser – Weshalb waren die Warenhausfirmen so stark miteinander verflochten?). Gleichzeitig sanken die Betriebskosten, denn Verwaltung, Werbung und Dekoration der Filialen wurden zentralisiert. All dies führte zu noch niedrigeren Einkaufspreisen, zu noch mehr Gewinn und wieder niedrigeren Verkaufspreisen. Schließlich gingen einige Warenhäuser dazu über, ihre Waren selbst herzustellen, und kauften Produzenten auf, vorwiegend im Textilsektor. Durch die immer günstigeren Preise erlebten die Warenhäuser einen enormen Zulauf.

Haben die Warenhausunternehmer unseriöse Methoden angewandt?

Keine *unseriösen*, doch eine ganze Reihe *neuer* Geschäftsmethoden unterstützten diesen Aufschwung: Der Einkauf im Warenhaus wurde zum Erlebnis gemacht. Er sollte unterhaltsam und zugleich bildend sein. Präsentiert wurde eine bis dahin unbekannte Auswahl an Waren, für jedes nur erdenkliche Bedürfnis. Die Warenhäuser ermöglichten eine Reise um die Welt, nur dass die Warenhäuser die Welt zum Betrachter brachten. Besuche im entfernt gelegenen Warenhaus glichen Ausflügen zu Sehenswürdigkeiten.

Auch die Architektur war wichtig für den Erfolg. Die großen, repräsentativen Bauten der Warenhäuser erinnerten an Paläste und Kathedralen. Im Inneren erlaubte ein zentraler Lichthof mit Aufzügen einen Überblick übers ganze Haus. Die Rolltreppe, über die die Kundin majestätisch wie eine Königin glitt, vermittelte ihr ein erhabenes Gefühl. Raffiniert wurden die Kunden durch alle Abteilungen geführt. Das ganze Haus war gefüllt mit Waren und Menschen, üppig ausgestattet und reich verziert. Prinzip des Warenhauses war es, keinen Platz leer, leblos oder ungenutzt zu lassen. Es sollte immer so aussehen, als wäre es voll. Die zahlreichen Spiegel vervielfachten die Auslagen. Neue Eisenkonstruktionen erlaubten eine durchlässige Architektur anstelle der fest gemauerten alten Baukonstruktionen.

Die früheren Einzelhandelsgeschäfte waren enge, düstere Löcher gewesen, in denen es muffig roch. Die Außenwände des Warenhauses dagegen waren mit großen Schaufenstern versehen, die die Grenze zwischen Innen- und Außenwelt verwischten. Durch die Fenster konnten die Kunden schon von draußen an der Warenwelt teilnehmen. Private, sogar tabuisierte Dinge wie Damenwäsche wurden im Warenhaus öffentlich ausgestellt. Die Schaufensterauslagen waren dekoriert und nachts illuminiert. Das hellerleuchtete Warenhaus erschien wie ein riesiger Märchenpalast und es galt als schick, vor den Schaufenstern zu flanieren. Tagsüber wurde das Warenhaus zum Treffpunkt für jedermann: Es gab Tee- und Ruheräume, Lesesalons mit Tageszeitungen, Illustrierten und eine Bibliothek.

Mit großem Werbeaufwand und üppiger Aufmachung wurden Verkaufsaktionen, so genannte *Weiße Wochen*, durchgeführt. Per Zeitungsreklame und Lautsprecher-Durchsagen kündigte man regelmäßig Sonderverkäufe an, um betriebswirtschaftlich eine gleichmäßig hohe Auslastung zu garantieren. Neuheiten wie Wühlstände, Warenversand und die Lieferung nach Hause wurden eingeführt. Leise Hintergrundmusik stimmte die Kunden positiv ein.

Auch beim Personal gingen die Warenhäuser völlig neue Wege: Als Verkäuferinnen arbeiteten junge, attraktive Frauen, die regelmäßig geschult wurden. Die Unternehmensleitung setzte auf verkaufsfördernde weibliche Reize. Die Verkäuferinnen traten selbstbewusst auf und präsentierten als Werbeträgerin die Textilwaren des Hauses am eigenen Körper. Die ideale Verkäuferin musste gewandt sein, elegant, eloquent und freundlich. All diese Neuerungen erweckten Misstrauen und Neid.

Haben die Warenhäuser beim Verkauf ihrer Waren schmutzige Tricks angewandt?

Zu den „Tricks" der Warenhäuser gehörten schon damals verkaufspsychologische Techniken, die heute Standard im modernen Absatzmarketing sind. Als diese um die Wende vom 19. zum 20. Jahrhundert zum ersten Mal angewandt wurden, sorgten sie jedoch für großes Aufsehen. Dass die Warenhausbesitzer so erfindungsreich waren, führte zu schlimmen Vorwürfen der Konkurrenten. Doch

konnten sich die meist jüdischen Kaufleute dank ihrer Erfahrung und Beobachtungsgabe nur besser in die menschliche Seele einfühlen als die alteingesessenen Krämer.

Lockartikel (*loss leaders*) waren Artikel, die billig oder sogar unter dem Einstandspreis (engl.: *loss* = Verlust) angeboten wurden. Der billige Preis sollte den Kunden suggerieren, dass alle übrigen Waren genauso günstig seien. Bei diesen Artikeln handelte es sich meist um Gegenstände, deren Bedarf für den Haushalt gering war und die nicht in großen Mengen gekauft wurden. Auch heute noch geht es bei den Lockartikeln darum, die Kunden überhaupt in den Laden zu ziehen. Gelingt dies, kaufen sie vielleicht auch andere, teurere Artikel, so das Kalkül.

Die *Warenvermengung* diente dem Absatz minderwertiger Ware, die auf der Basis einer Mischkalkulation mit höherwertiger Ware zu einer Verkaufseinheit gebündelt wurde. Trotzdem war die Qualität der einzelnen Stücke noch zu unterscheiden. Es blieb dem Kunden jedoch nichts anderes übrig, als die minderwertigen Stücke mitzukaufen, wollte er in den Besitz der höherwertigen Stücke gelangen. Die Warenvermengung wird auch heute noch angewandt bei Artikeln, deren Verkäuflichkeit der Einkäufer überschätzt hat und die man einzeln nur schwer los wird.

Zeitpreise, verschiedene Preise für dieselbe Ware zu unterschiedlichen Zeiten, sollten das Geschäft an Tagen oder Stunden mit schwacher Kundenfrequenz beleben und dazu animieren, auch außerhalb der Stoßzeiten einzukaufen. Im Einzelhandel ist dies heute nicht mehr üblich, in der Gastronomie jedoch bekannt als *Mittagskarte* oder *Happy hour*.

So genannte *Blendpreise* wie 98 Pfennig oder 2,95 Mark suggerierten eine knappe Kalkulation und sollten Preisbarrieren beim Kunden überwinden. In der Preispolitik des modernen Marketings werden sie als *gebrochener Preis* bezeichnet.

Dass der *optische Preis*, also der Preis, mit dem aggressiv geworben wird („schon ab 99,- Euro"), oft unter dem Preis liegt, der schließlich beim Kauf zustande kommt, ist heute auch schon ein alter Hut. Damals, wie gesagt, waren solche Handelskniffe revolutionär.

Haben die Warenhäuser ihre Waren verramscht?

Als die Antisemiten die Warenhäuser diffamierten, gebrauchten sie öfters das Wort *Ramsch*. Als *Ramschbazare* beschimpften die Warenhausgegner jene Einheitspreisgeschäfte (auch *Kleinpreis-Warenhäuser* genannt), die nach dem Vorbild der amerikanischen Kette Woolworth während der Depression der 1930er Jahre in Deutschland eröffneten. Diese *50-Pfennig-Bazare*, meistens Tochterfirmen der Warenhäuser, richteten sich nach dem Einkommen der Unterschicht und boten fast nur Artikel des täglichen Bedarfs an.

Weil ab dem Beginn der Weltwirtschaftskrise 1929 die Kaufkraft sank, zählten die *Billig-Kaufhäuser* nicht nur Arbeiterfamilien, sondern auch immer mehr Bürger zu ihren Kunden. Wie der Name schon sagt, galten in den *Einheitspreisgeschäften* für alle Waren ein oder maximal zwei Preise: 25 und 50 Pfennig.

Ramsch, also wertloses Zeug oder minderwertige Ware (österreichisch: *Pofelware*), boten diese Kaufhäuser jedoch nicht an. Wohl aber trieben sie die Warenhausidee auf die Spitze: Durch die Standardisierung des Sortiments wurden die Kosten radikal gesenkt. Deshalb konnte man immer größere Stückzahlen zu immer niedrigeren Preisen einkaufen. Die überflüssige Preisauszeichnung, die preisbezogene Werbung und die Einzelkalkulation für jeden Artikel fielen weg, und überall verwendete man die gleichen Warenregale. All dies sparte zusätzlich Kosten und ermöglichte konkurrenzlos niedrige Preise.

Haben die Warenhäuser minderwertige Ware verkauft?

Die Einzelhändler, in ihrer Existenz bedroht, kritisierten die Geschäftsmethoden der Warenhäuser, weil diese ihre Ausschussware (Waren zweiter Wahl) zu reduzierten Preisen anboten. Während die traditionellen Kaufleute nur Waren erster Wahl in ihrem Geschäft führten, verkauften die Warenhäuser auch Waren mit kleinen Fehlern, Restposten von Bruchwaren oder modische Imitate. Auch Familien mit durchschnittlichem Einkommen konn-

ten sich so Luxuswaren wie ein Porzellanservice leisten. Dank der Vorreiterrolle der Warenhäuser wurden einstige Luxusgüter für die Massen erschwinglich. Die angefeindete Geschäftsmethode der Warenhäuser, Markenartikel mit kleinen Fehlern zu einem Bruchteil des normalen Preises zu verkaufen, ist heute im Handel längst üblich.

Gab es in den Warenhäusern „Lockabteilungen"?

„Lockabteilungen" nannte man die Erfrischungsräume der Warenhäuser. Die Kunden hielten sich in den riesigen Kaufhäusern jetzt lange auf; die langen Einkaufswege waren körperlich anstrengend. Aufenthaltsräume sollten die Kunden, vom Einkaufsbummel ermüdet, wieder aufrichten, ohne dass diese das Warenhaus verlassen mussten. Durch den längeren Aufenthalt sollte sich auch der Umsatz der anderen Abteilungen erhöhen.

Die Restaurationsräume waren in manchen Warenhäusern sehr exquisit gestaltet, bei Wertheim zum Beispiel als Palmenhaus, und wurden bald zu selbstständigen Einnahmequellen, weil sie die Kunden anzogen. Obwohl sie meistens im Untergeschoss oder im Dachgeschoss lagen und nur der Erholung der Kundschaft dienen sollten, erregten die Erfrischungsräume den Neid der örtlichen Gastronomen. Um den Warenhausgegnern keinen Vorwand zu liefern, mussten sich die Kunden in den Erfrischungsräumen selbst bedienen.

Haben die Warenhausbesitzer ihr Personal ausgebeutet?

Die kleinen Einzelhändler beschuldigten die Warenhäuser, ihr Personal rücksichtslos auszubeuten. Dabei waren die Arbeitsbedingungen der Angestellten im Warenhaus denen der kaufmännischen Gehilfen im übrigen Einzelhandel weit überlegen. Ähnlich den verkaufspsychologischen Kniffen (vgl.: Juden und Warenhäuser – Haben die Warenhäuser beim Verkauf ihrer Waren schmutzige Tricks angewandt?), leisteten die Warenhäuser auch in der Mitarbeiterführung Pionierarbeit. Maßnahmen, die heute unter dem Begriff *hu-*

man capital fest zur Personalpolitik moderner Unternehmen gehören, galten damals, Anfang des 20. Jahrhunderts, als bahnbrechend. Beispielsweise gelangten Frauen in den Warenhäusern erstmals in Führungspositionen.

Die Warenhauskette Wertheim legte bei ihren Mitarbeitern Wert auf Bildung, die über das normale Fachwissen von Verkäufern im Einzelhandel weit hinausging: Die Firmenleitung ermöglichte den Beschäftigten Theater- und Konzertbesuche zu günstigen Preisen und stellte eine umfangreiche Bibliothek zur Verfügung. Kaufmännische Weiterbildung wurde ebenso angeboten wie Fremdsprachenunterricht. Die soziale Versorgung der Mitarbeiter war gesichert durch eine betriebseigene Kranken- und Rentenversicherung. Die Angestellten hatten ein Recht auf Urlaub, dessen Dauer mit zunehmender Betriebszugehörigkeit stieg, und auf Lohnfortzahlung im Krankheitsfall. Die Arbeitszeit war geregelt und betrug durchschnittlich neun Stunden, hinzu kamen eine zweistündige Mittagspause, eine Frühstücks- und mehrere kleine Pausen. Hierfür standen den Angestellten eigene Aufenthaltsräume zur Verfügung. Mahlzeiten wurden an das Personal verbilligt abgegeben. Zweimal pro Woche durften die Mitarbeiter im eigenen Haus Einkaufszeit für sich selbst beanspruchen, wobei ihnen und ihren Familienangehörigen Personalrabatt gewährt wurde. Einrichtungen wie ein firmeneigener Hauschor oder ein Ball-Spiel-Club boten sich den Mitarbeitern als Freizeitaktivitäten an. Für ihren Urlaub konnten die Angestellten betriebseigene Ferienanlagen nutzen, die über Sport- und Schwimmhallen, Kurbäder und Kegelbahnen verfügten und Musikveranstaltungen darboten.

Auch die Entlohnung der Warenhausmitarbeiter war bereits um die Wende vom 19. zum 20. Jahrhundert besser als in den kleinen Kaufmannsläden und ermöglichte den Beschäftigten einen gewissen bürgerlichen Wohlstand. Zu einem Grundlohn zahlten die Warenhäuser ihren Verkäuferinnen Prämien, die sich nach deren persönlichen Tagesumsatz richteten und bei entsprechendem Engagement das Gehalt schnell verdoppelten. Abgerundet wurde die Palette der Sozialleistungen durch eine firmeneigene Sparkassse, die die Ersparnisse der Angestellten zu überdurchschnittlich hohen Zinsen anlegte.

Trotzdem beschuldigte man die Warenhausbesitzer, ihr Personal auszubeuten.

Haben die Warenhäuser die Landwirtschaft geschädigt?

Man warf den Warenhäusern vor, überwiegend im Ausland einzukaufen und die einheimische Industrie und Landwirtschaft nicht zu berücksichtigen. Hier klang das bekannte Klischee durch, das den Juden jeden Sinn fürs Vaterland absprach (vgl.: Allgemeines – Sind Juden Nomaden?). Vor allem der Bauernverband beschwerte sich, dass die Warenhäuser ihren Bedarf an Eiern und Geflügel aus dem Ausland deckten. Dabei war es gerade der Verdienst der Warenhäuser, Eier und gefrorenes Geflügel aus Russland nach Deutschland zu importieren. Die Eier aus dem Ausland verringerten nämlich nicht den Konsum von deutschen Produkten, sondern ermöglichten der breiten Masse überhaupt erst, Eier zu erschwinglichen Preisen zu kaufen und so ihre Ernährung zu verbessern. Den regelmäßigen Verzehr von *deutschen* Eiern hätte sich das einfache Volk nicht leisten können.

In der Folge mussten die deutschen Bauern ihre Eierproduktion rationalisieren und auf dem deutschen Markt billiger anbieten. Sobald sich die Konjunktur besserte und der Lebensstandard der deutschen Familien stieg, begannen die inländischen Eier die ausländischen zu verdrängen, umso mehr als die Eier jetzt zum festen Nahrungsbestandteil der deutschen Konsumenten zählten.

Hatten die Warenhäuser einen schädlichen Einfluss auf Frauen?

Weil die Warenhäuser so prächtig ausgestattet waren, verdrehten sie den Kundinnen den Kopf und animierten sie wegen der vielen Kaufwünsche sogar zu Diebstählen, behaupteten die Gegner. Begriffe wie *Paradies der Damen* (Zola) und *Paradies der Kleptomanen* machten die Runde. In der Tat bemühten sich die Warenhäuser sehr um ihre Kundinnen, weil diese den Einkauf besorgten und den größten Teil des Einkommens verwalteten, während die

Männer ihrem Beruf nachgingen. Die Behauptung jedoch, die Einkaufswelt der Warenhäuser hätte die Sinne der Kundinnen verführt, sie sogar bis zur Unzurechnungsfähigkeit in Trance versetzt, ist stark übertrieben und dem Neid der Warenhausgegner zuzurechnen.

Wenn sich unter den Ladendieben überdurchschnittlich viele Frauen über vierzig befanden, so entsprach dies dem Anteil an der Käuferschicht.

Für die Anziehungskraft der Warenhäuser auf das weibliche Geschlecht spielten viele Gründe eine Rolle: Ende des 19. Jahrhunderts war den bürgerlichen Frauen der ungezwungene Aufenthalt in der Öffentlichkeit aus Gründen der Schicklichkeit nur sehr beschränkt möglich. Das Warenhaus bot einen idealen Vorwand, um ohne Begleitung an einem öffentlichen Ort auf unbestimmte Zeit zu verweilen. Frauen kam nach den gesellschaftlichen Vorstellungen der Jahrhundertwende nur eine passive Rolle zu. Im Warenhaus konnten sie aktiv und ungeniert ihre „Schaulust" ausleben. Die Werbung spiegelte dieses unterschwellige Bedürfnis wider. Sie verknüpfte die Waren mit Gefühlen und pries zum Beispiel Teppiche als „Stück aus 1001 Nacht" an.

Die meisten Frauen führten bis zum Ersten Weltkrieg ein einfaches Leben, hart und oft freudlos. Frisur und Kleidung waren meist schmucklos und ohne persönliche Note. Die Warenhäuser führten ein modisches Sortiment, das auf die weiblichen Bedürfnisse ausgerichtet war und den Frauen erlaubte, ihre Individualität auszudrücken. Kein Wunder also, dass die Warenhäuser gerade auf Frauen so anziehend wirkten und diese dort gerne ihr Geld ausgaben. So trugen die Warenhäuser dazu bei, die Unterschiede zwischen den Gesellschaftsschichten zu verwischen, was manchen Kreisen nicht gefallen konnte.

Haben die Warenhäuser die kleinen Einzelhändler geschädigt?

Gegen Ende des 19. Jahrhunderts entstand durch die günstige Wirtschaftsentwicklung ein Boom von Neugründungen und Geschäftseröffnungen im deutschen Einzelhandel. Wie in jedem

Wachstumsmarkt blieben im Gründungsfieber auch viele Geschäfte auf der Strecke. Die enttäuschten Gründer machten die jüdischen Warenhäuser für ihren Niedergang verantwortlich – statt eigenem unternehmerischem und kaufmännischem Fehlverhalten. Warenhäuser wurden als „unmoralische" Einrichtungen verunglimpft, die sich auf unlautere Weise Vorteile verschafften und dadurch die Existenz der kleinen Kaufleute vernichteten (vgl.: Juden und Warenhäuser – Haben die Warenhausunternehmer unseriöse Methoden angewandt?, und: Haben die Warenhäuser beim Verkauf ihrer Waren schmutzige Tricks angewandt?).

Eine Verallgemeinerung, die so nicht stimmte, denn gut geführte kleine Spezialgeschäfte konnten sich trotz der Warenhäuser behaupten und von deren Nähe sogar profitieren. Nur die alten und unflexiblen Krämerläden hatten schwer zu kämpfen.

Haben die Warenhäuser den Einzelhandel beherrscht?

Der enorme Erfolg der Warenhäuser machte sie zum Angriffsziel des existenziell bedrohten Mittelstandes. Aus der Angst der kleinen Einzelhändler vor den übermächtigen Konkurrenten schlugen die Nationalsozialisten politisches Kapital. Ihre Propaganda hetzte mit antisemitischen Parolen gegen die Warenhäuser und stachelte den Hass der kleinen Kaufleute an.

Anfang der 1930er Jahre suggerierte der *Reichsverband zur Bekämpfung der Warenhäuser e.V.* der Allgemeinheit eine marktbeherrschende Stellung der Warenhäuser im Einzelhandel: Er verwies darauf, dass sich achtzig Prozent der deutschen Warenhäuser in jüdischem Besitz befanden, und denunzierte die Warenhäuser als Instrument einer jüdischen Weltverschwörung (vgl.: Juden und Politik – Wie entstand das Märchen von der jüdischen Weltverschwörung?). Tatsächlich besaßen die Warenhäuser damals einen Marktanteil von lediglich sechs Prozent des deutschen Einzelhandels. Entgegen der nationalsozialistischen Propaganda nahmen die jüdischen Warenhäuser in Deutschland nur ein Nischenrolle ein.

Juden und Börse

Haben die Juden im 17. und 18. Jahrhundert die Amsterdamer Börse beherrscht?

Weder war der Anteil der Juden unter den damals 4.500 Börsianern in Amsterdam besonders hoch, noch das von ihnen bewegte Kapital. Unter den Börsenmaklern waren meist drei bis fünf Prozent, in manchen Jahren vielleicht zehn Prozent sephardische Juden. Diese waren die Nachfahren der Juden, die in den 1490er Jahren von Spanien und Portugal nach Holland eingewandert waren. Auch wenn es unter ihnen im 17. Jahrhundert schon Millionäre gab und ihr Wohlstand seit der Einwanderung beständig wuchs, so reichten ihre Vermögen doch nie an jene der städtischen Regenten- und Patrizierfamilien heran, die fast alle holländischen Ämter und Reichtümer besaßen.

Aus der Masse der Börsianer stachen die Juden aus anderen Gründen hervor: Sie besaßen größere Geschäftskenntnisse und waren an der Börse aktiver. Die Annahme, Juden hätten die Amsterdamer Börse beherrscht, rührt wohl daher, dass die berühmten jüdischen Wirtschaftswissenschaftler, Isaac de Pinto und David Ricardo, an der Börse spekulierten.

Verfügten die Rothschilds über ein geheimes Nachrichtennetz?

Der „Coup von Waterloo" im Juni 1815 hat viel zur Legendenbildung über die Macht der Rothschilds beigetragen. Der Bankier Nathan Rothschild, der zusammen mit seinem Bruder Salomon in Wien den Krieg Englands und Preußens gegen Napoleon finanzierte, war an der Londoner Börse als Spekulant tätig. Zum Zeitpunkt der Schlacht zwischen dem Franzosenkaiser einerseits und dem englischen General Wellington sowie den preußischen Generälen Blücher und Gneisenau andererseits waren die Kurse an der Londoner Börse im Keller.

Als Napoleons Niederlage feststand, sollen angebliche Geheimagenten in Brüssel, die über ein raffiniertes Nachrichtensystem mit Brieftauben verfügten, Rothschild als Ersten in London von dem günstigen Ausgang der Schlacht informiert haben – noch bevor ein Kurier Wellingtons der englischen Regierung den Sieg offiziell verkünden konnte.

Der wahre Sachverhalt indes war viel trivialer: Nicht Brieftauben übermittelten Rothschild die Siegesnachricht, sondern ein Angestellter seines Bankhauses, der in Ostende auf die Ausgabe der holländischen Zeitung *Gazette* wartete. Dies war nicht ungewöhnlich, sondern geschah regelmäßig, um London mit den neuesten Nachrichten vom Kontinent zu versorgen. Der Informant bestieg in Ostende das Schiff und Rothschild erhielt am Morgen des 20. Juni die günstige Nachricht. Bevor Nathan an der Londoner Börse möglichst viele Papiere zu den niedrigen Kriegskursen kaufte, eilte er noch schnell ins Londoner Regierungsviertel und überbrachte persönlich die Nachricht vom Sieg Wellingtons gegen Napoleon. Als die Meldung wenig später an der Börse bekannt wurde, stiegen die Kurse rasant und Nathan Rothschild gewann an einem Tag eine Million Pfund. Auch wenn dieser Börsengewinn enorm war, so stellte er doch nur einen weiteren Meilenstein in der Erfolgsgeschichte der Rothschilds dar. Ihre Finanzmacht hatten sie schon vorher besessen.

Manipulierten die Juden die Börse mit Hilfe der Presse?

Im 19. Jahrhundert waren in Berlin und Wien viele Juden im Journalismus tätig (vgl.: Juden und Kultur – Weshalb gibt es so viele jüdische Journalisten?). In der Börseneuphorie der Gründerzeit spielten die Börsenzeitungen, die ein breites Publikum zur Aktienspekulation verführten, eine wichtige Rolle. Sie berichteten laufend über neue Unternehmen, gaben Aktientipps und empfahlen Wertpapiere zum Kauf. Als die Börsenblase des Gründerbooms platzte, gab man die Schuld den Zeitungen, von denen man sich zum Kauf verführt sah.

Jüdischen Börsenmaklern unterstellte man, sie seien Inhaber

oder stille Teilhaber dieser Zeitungen und hätten mithilfe der Journaille die Börsenkurse maßgeblich beinflusst.

Börsenmanipulation bei einzelnen Aktien hat es immer gegeben. Auch in Zukunft wird es solche Fälle wieder geben, die Verlockung des mühelosen Börsengewinns ist einfach zu groß. Von einer Beherrschung des Börsenmarktes insgesamt zu sprechen, in dem Sinne, dass durch geschickte Stimmungsmache die Kurse aller Aktien beliebig herauf oder herunter manipuliert wurden, ist jedoch Unfug. Die Kursverluste der breiten Masse kamen nicht durch betrügerische Marktmanipulationen zustande, sondern durch übermäßige Gier und einen Herdentrieb, der nicht zu bremsen war.

Sind die Juden schuld am Schwarzen Freitag von 1873?

Am Freitag, dem 9. Mai 1873, kam es an der Wiener Börse zum berühmten Börsencrash. Er wurde erst wieder im Jahr 1929 übertroffen, vom Schwarzen Freitag an der Wallstreet. Als die Verkaufspanik der Wiener Börsianer einen tosenden Lärm erreichte, benutzte ein jüdischer Börsenmakler zum ersten Mal den Ausdruck *Crash*. Bis heute ist der „Schwarze Freitag" ein gebräuchlicher Ausdruck, auch wenn Börsenkräche nicht immer an Freitagen stattfinden.

Die Spekulationsblase, die am 9. Mai 1873 zerplatzte, hatte bereits 1870 mit dem Deutsch-Französischen Krieg begonnen. Der gewonnene Krieg durch die Deutschen begünstigte auch die österreichische Konjunktur und trieb die Börsenkurse in die Höhe. Ein großer Teil der französischen Kriegsentschädigung von fünf Milliarden Goldmark floss von Berlin nach Wien, wo höhere Zinsen und Börsengewinne lockten. Maklerfirmen vergaben leichtfertig Kredite für Aktienkäufe, was die Hausse zusätzlich anfachte. Die auf Kredit gekauften Aktien dienten als Sicherheit für neue Kredite, mit denen wieder Aktien gekauft wurden und so weiter.

Auch in der Wirtschaft war der Boom nicht zu bremsen. Mit dem Aufschwung waren in Wien 53 Banken und 530 Aktiengesellschaften gegründet worden. Die Anzahl der börsennotierten Wertpapiere stieg von 169 im Jahr 1867 bis auf 605 im Jahr 1873. Am stärksten heizte die Baukonjunktur das Gründungsfieber an. 1871

gab es nur drei große Baufirmen, bis zum Börsenkrach 1873 waren es 44. Die Börsenspekulation wurde zum Volkssport, ähnlich wie Ende der 1990er Jahre am Neuen Markt. Alle spielten an der Börse, vom Adel bis zum Schuhputzer und Kindermädchen. Fünfzigtausend Abschlüsse fanden täglich statt.

Während der Adel sich das Spiel an der Börse leisten konnte, erhoffte sich das einfache Volk den schnellen Reichtum. Viele aus der Unterschicht versetzten ihre letzten Ersparnisse. 1873 war auch das Jahr der Wiener Weltausstellung. Gewaltige Besucherzahlen wurden verzeichnet, sogar der Schah von Persien war zu Gast. Wien schlug alle bisherigen Rekorde. Die Besucher der Weltausstellung besichtigten außer dem Prater auch noch eine neue Touristenattraktion – die Wiener Börse.

Die Börsenspieler kauften munter weiter und die Kurse stiegen immer höher. Wenige Tage nach der Eröffnung des Börsengebäudes kam der Börsenkrach dann wie aus heiterem Himmel. Jeder hatte auf einen noch größeren Besucheransturm und damit noch höhere Aktienkurse spekuliert, doch die ausländischen Zaungäste kauften nicht.

Als der erwartete Ansturm ausblieb, begann die größte Wiener Bank Aktien abzustoßen. Schnell entstand Unruhe unter den Börsianern, nach weiteren Verkäufen brach Panik aus. Jetzt wurde ohne Rücksicht auf Verluste zu jedem Preis verkauft; der Aktienmarkt fiel in die Tiefe. Bei Börsenschluss war der Aktienindex von 339 auf 196 Punkte gestürzt. In diesem Moment rief ein jüdischer Börsianer das Wort *Crash* aus, das ein Journalist aufschnappte und am nächsten Tag in der Zeitung druckte. Die Aktienkurse erreichten ihren Tiefstand erst im Jahr 1876 mit 105 Punkten. Der Gesamtverlust an Börsenkapital summierte sich auf 1,5 Milliarden Gulden. 48 Banken, acht Versicherungen und 60 Industriebetriebe gingen bankrott. Zahlreiche Selbstmorde zeugten von missglückten Börsenabenteuern. Der galizische Jude, der das Wort *Crash* erfunden hatte, wurde zum Vorbild der Wiener Karikaturisten, die die Börsianer mit Wohlstandsbauch und Zylinder zeichneten und sie mit krummer Nase, Schläfenlocken und Kaftan verunglimpften.

Für die Allgemeinheit entstand so das Bild vom jüdischen Bör-

senspekulanten, der auf Kosten der Nichtjuden ein Vermögen verdient hatte, auch wenn in Wirklichkeit nur wenige Juden unter den Spekulanten waren: ein paar galizische Einwanderer, Bankier Rothschild sowie die Barone Todesco und Königswarter. Die Kleinbürger, die am Aktienmarkt Schiffbruch erlitten hatten, sahen in den Juden jetzt nicht nur die rücksichtslosen Fabrikanten, die das edle Handwerk bedrohten (vgl.: Juden und Wirtschaft – Weshalb waren unter den Fabrikanten viele Juden?, und: Waren die Juden schuld am Niedergang des Mittelstandes?), sondern auch die hinterlistigen Drahtzieher der Börse, die die kleinen Sparer um ihre Notgroschen gebracht hatten. Die Kleinbürger hatten den Börsengewinn auch gerne kassiert, nur den Verlust wollten sie nicht hinnehmen. Die jüdischen Börsenmakler, die ihnen vor dem Krach geholfen hatten, das Geld so mühelos zu verdienen, galten nun als Betrüger, die das gutgläubige Publikum zum Aktienkauf verführt hatten. Dabei waren jüdische Spekulanten das gleiche Risiko eingegangen und hatten ebenfalls ihr Vermögen verloren.

Haben die Juden in den 1920er Jahren die Wallstreet beherrscht?

Auch wenn Antisemiten Gegenteiliges behaupten: Die Juden haben während des Börsenfiebers der 1920er Jahre die Wallstreet *nicht* beherrscht. Zur Zeit der *Roaring Twenties* blieben sie in der amerikanischen Bank- und Finanzwelt eine Minderheit. Die einzige Bank, die von Juden gründet wurde, war die *Bank of the United States* in New York. Nach dem berühmten Börsenkrach von 1929 blieb dieses Institut zwar noch eine Weile zahlungsfähig, überlebte die Krise aber letzten Endes doch nicht, weil die größeren Banken sich weigerten, der *United States* liquide Mittel zur Verfügung zu stellen.

Nur wenige Juden arbeiteten überhaupt im Bankwesen, und wenn, dann nur in unteren Positionen. Um ihre Stelle zu behalten, mussten sie meist ihre Herkunft verleugnen.

Waren die Juden vom großen Börsencrash 1929 nicht betroffen?

Das Platzen der Spekulationsblase traf Juden genauso wie Nichtjuden. Viele Juden hatten sich Mitte der zwanziger Jahre an der Börsen-Euphorie beteiligt. Besonders die armen Juden, die aus Osteuropa eingewandert waren, glaubten irrtümlich an ein grenzenloses Wachstum. Diejenigen, die dem Aktienmarkt fernblieben, bekamen die Auswirkungen des Börsencrashs indirekt zu spüren: Manche Juden waren während des Wirtschaftsaufschwungs ins Textilgeschäft eingestiegen, wo ebenfalls schneller Reichtum lockte. Nun hatte keiner mehr Geld für neue Kleider übrig.

Ähnliche Einbußen gab es im Einzelhandel und im Baugewerbe. Während die Wirtschaft wuchs, kauften jüdische Geschäftsleute viele Immobilien. Sie zogen um in bessere Wohnviertel, wie die Upper West Side in Manhattan, oder suchten neue Appartments und Stadthäuser in Brooklyn. Dies kurbelte das Geschäft der jüdischen Bauunternehmer an. Nach dem Börsencrash konnten sich die Mieter ihre Wohnungen aber nicht mehr leisten, und die Bauunternehmer gingen pleite, weil sie ihre Kredite den Banken nicht mehr zurückzahlen konnten. Nach und nach erfasste der Abschwung alle Bereiche der Wirtschaft. Jüdische Gewerkschaften konnten die Arbeitslosen nicht mehr finanziell unterstützen. Jüdischen Wohltätigkeitsorganisationen fehlte das Geld für die Ärmsten, weil jetzt die Spenden reicher Juden ausblieben.

So vernichtete der Börsencrash von 1929 die Hoffnungen der Juden in Amerika: Betriebe der Eltern konnten nicht auf die Kinder übergehen, das Geld für deren Ausbildung war durch die Depression verloren.

Ähnlich war die Situation in Deutschland: Während der Weltwirtschaftskrise waren von den 115.000 jüdischen Lohnempfängern in Berlin 30.000 arbeitslos.

Werden die Börsenkurse von einer „jüdischen Hochfinanz" manipuliert?

Da es keine jüdische Hochfinanz gibt, kann diese auch nicht die internationalen Finanzmärkte kontrollieren. „Wie sich das der kleine Moritz so vorstellt", hätte man im alten Wien gesagt (vgl.: Juden und Geld – Gibt es eine „internationale jüdische Hochfinanz"?).

Juden und Politik

Sind Juden Kriegsgewinnler?

Im Dreißigjährigen Krieg (1618–1648) dienten Juden als Armeelieferanten, die das Heer mit Material versorgten: Hafer, Soldatenkleidung und Pferde. Den Juden blieb in ihrer Funktion als Hofjuden oft keine andere Wahl, als sich bei den Herrschern als Kriegslieferanten zu verdingen. Weniger das Streben nach Gewinn stand für sie dabei im Vordergrund, sondern die Notwendigkeit, ihre Existenz zu sichern (vgl.: Juden im Mittelalter – Hatten die Hofjuden nur Vorteile?).

Die Geschäfte der Armeelieferanten waren nur möglich, wenn sie mit großen Gewinnspannen kalkulierten. Da nur der Sieger die Schulden begleichen konnte, mussten die Kriegslieferanten nicht nur geschickt organisieren, sondern auch die militärische Erfolgsaussicht richtig einschätzen. Es entstand das Klischee vom jüdischen Kriegsgewinnler, der, in Samt und Seide gekleidet, sich eine goldene Nase verdient, während die hungernden und frierenden Soldaten ihr Leben fürs Vaterland opfern.

Indes, nicht die jüdischen Armeelieferanten und „Kriegsgewinnler" opferten das Leben der Soldaten, sondern Kaiser, König, Fürst oder Herzog. Diese vergossen das Blut ihrer Untertanen – nicht um das Vaterland zu verteidigen, sondern um ihre Machtansprüche durchzusetzen.

Sind Juden Verräter und Spione?

Als die fünfzehnjährige Margarita Teresa von Spanien, die Gemahlin Kaiser Leopolds I., im Jahr 1666 nach Wien kam, hasste sie aufgrund ihrer Erziehung die Juden. Von gleicher Gesinnung war ihr frommer Ehemann, der im Priesterseminar erzogen worden war. Es war die Zeit der Türkenkriege, und die Angst vor Überfällen und Spionen war groß.

Als Margarita Teresas erstes Kind im Alter von drei Monaten starb und ihre Hofburg 1668 niederbrannte, verstärkte sich ihre abergläubische Abneigung gegen die Juden noch mehr. Sie beschuldigte die jüdische Gemeinde in Wien, verkleidete Türken zu verbergen, und überredete ihren Gemahl, alle Juden aus Wien auszuweisen. Möglicherweise fanden damals tatsächlich Juden in der Stadt Unterschlupf, die aus dem türkischen Herrschaftsgebiet auf dem Balkan kamen. Schließlich reichten ihre Geschäftsverbindungen bis weit ins Osmanische Reich. Gerade diese Kontakte der Juden untereinander, durch die Fronten des Kriegs hindurch, waren ihre große Stärke, um Waren oder Geld ins Land zu bringen. Nun beschimpfte man sie als Spione und Verräter.

Den gleichen Vorwurf erhob Kaiserin Maria Theresia, als die Preußen während des Zweiten Schlesischen Krieges (Österreichischer Erbfolgekrieg) im Jahr 1744 in Prag einmarschierten. Auch hier kam das Gerücht auf, die Juden seien Spione und Kollaborateure. Obwohl keine Beweise vorlagen, dass die Prager Juden mit den Preußen tatsächlich zusammengearbeitet hatten, galt ihre Schuld als sicher. Der kaiserliche Verdacht bestätigte das überlieferte Vorurteil. Dabei hatte Maria Theresia ohnehin vorgehabt, die Juden aus Prag zu vertreiben; sie wollte eine „judenfreie" Monarchie. Die Prager Bürger und der böhmische Landtag wehrten sich jedoch gegen die Austreibung. Zäh wurde verhandelt und es dauerte dreieinhalb Jahre, bis Maria Theresia ihren Ausweisungsbefehl zurücknahm.

Wegen dieser und anderer historischer Ereignisse blieb das Klischee an den Juden haften. Sie galten als Menschen, denen man von vorneherein jede Art von Niedertracht, wie Spionage und Verrat, zutraute.

Auch im Ersten Weltkrieg blieb das Klischee bestehen. Dies belegen die Berichte der Geheimen Feldpolizei während der Russlandfeldzüge und der Märsche durch Galizien. Jüdische Handelsverbindungen hatten früher einen schnellen Transport von Waren, Wechseln, Preisanfragen und Kaufurkunden ermöglicht. Nun befürchtete man auf diesen Wegen einen ungehinderten Informationsfluss durch die feindliche Front.

Die jüdischen Bekannten und Verwandten im Feindesland mussten über die Geschehnisse im eigenen Land zwangsläufig unterrichtet

sein. Wegen ihrer verwobenen und unüberschaubaren Beziehungen trauten man den Juden erst gar kein Gefühl fürs Vaterland zu. So galten sie wieder als Spione, denen man unterstellte, die Geheimnisse der nationalen Verteidigung schamlos zu Geld zu machen.

Hat Hauptmann Dreyfus Hochverrat begangen?

Dank der Französischen Revolution waren die Juden 1791 in Frankreich zum ersten Mal rechtlich uneingeschränkt gleichgestellt. Weil die Emanzipation der Juden eines der bleibenden Ergebnisse dieser Revolution war, verband sich der Antisemitismus in Frankreich seit dem 19. Jahrhundert mit anti-revolutionären, anti-demokratischen und royalistischen Tendenzen.

Im Jahr 1897/98 zeigte die Dreyfus-Affäre, wie stark der Antisemitismus im französischen Militär und in der Justiz verankert war. Reaktionäre Offiziere und Richter, unterstützt von Monarchisten und strenggläubigen Katholiken, verurteilten den jüdischen Hauptmann Alfred Dreyfus zu Unrecht wegen Landesverrats und verbannten ihn lebenslang auf eine Insel vor der Nordküste Südamerikas. Erst im Jahr 1906 durfte Dreyfus aus seinem Exil nach Paris zurückkehren und wurde vollständig rehabilitiert.

Begonnen hatte die Dreyfus-Affäre 1894, als ein Major Eszterhazy Dokumente über die französische Artillerie an die Deutschen verkaufte. Im Oktober 1894 wurde Dreyfus aufgrund von gefälschten Beweisen verhaftet. Man hatte automatisch den einzigen Juden im Generalstab verdächtigt.

Dass man Dreyfus beschuldigte, sollte die These der Antisemiten bestätigen: Juden seien unfähig zur Assimilation und könnten keine treuen Staatsbürger sein. Der Journalist und Schriftsteller Emile Zola, der sich 1898 in einem öffentlichen Brief („J´accuse!") für Dreyfus einsetzte, wurde deswegen verurteilt und musste nach England fliehen. Obwohl die Unschuld von Hauptmann Dreyfus eindeutig feststand, sprachen sich noch im Jahr 1997, zum hundertjährigen Jubiläum, einige französische Generäle gegen dessen öffentliche Rehabilitierung aus.

Weshalb gibt es so wenige jüdische Adelige?

Noch lange nach dem Mittelalter war Adel mit der Vergabe von Lehen verbunden, also mit Landbesitz, der Juden bekanntlich verboten war. Zumal die Herrscher Adelstitel und Ländereien verteilten, wenn man sie in Kriegen unterstützte, und es Juden in den meisten Ländern nicht erlaubt war, sich zu bewaffnen und an Feldzügen teilzunehmen.

Im 16. Jahrhundert erhob man im christlichen Polen Juden in den Adel, weil die Juden dort in gewisser Weise autonom waren und an Kriegshandlungen mitgewirkt hatten.

Der einzige deutsche Kaiser, der vor Ende des 19. Jahrhunderts einen Juden adelte, war der Kosmopolit Ferdinand II. Nur wenige Juden wurden in den Adelsstand erhoben – und wenn, dann nur in den niedrigen Adel (*Ritter von* oder *Baron*). In Preußen war die Taufe offizielle Bedingung, um in den Adelsstand erhoben zu werden. Im Französischen Kaiserreich hingegen stand den Juden auch der Hochadel offen. In England betonten jüdische Adelige stets ihre jüdische Abstammung und drückten dies in ihrem Wappen aus. Im deutschsprachigen Teil Europas hingegen verschwiegen sie dies schamhaft.

Die Deutsche Adelsgenossenschaft (DAG) war übrigens die erste Vereinigung, die Mitte des 19. Jahrhunderts einen Arierparagrafen einführte, noch vor den deutschen Studentenverbänden. Familien, in die Juden eingeheiratet hatten, wurden vom Verband ausgeschlossen.

Gegen den Aufstieg eines Juden zur Standesperson sprach auch dessen gewerblicher Umgang mit Geld (vgl.: Juden im Mittelalter – Hatten die Hofjuden nur Vorteile?). Geld zu verdienen galt in adeligen Kreisen als unfein, als Ausdruck kleinbürgerlichen Krämertums; Geld mit Geld zu verdienen gar als verwerfliche „jüdische Raffgier".

Haben die Juden im griechischen Freiheitskampf die Türken unterstützt?

In den Jahren 1821 bis 1829 tobte in Griechenland ein Freiheitskampf gegen die türkische Herrschaft. Die gebildeten und liberalen Europäer begeisterten sich für die Griechen, weshalb sich von überall Freiwillige nach Griechenland meldeten, um die Griechen in ihrem Unabhängigkeitskampf zu unterstützen.

In Deutschland gerieten schnell die Juden in Verdacht, geheime Bundesgenossen der Türken zu sein und deren Waffenkäufe zu finanzieren. Zwar gab es dafür keine handfesten Beweise, doch verdächtigte man die Juden als die „Feinde des Christentums" generell, und bezichtigte sie wegen ihrer orientalischen Abstammung, Verbündete der Türken zu sein.

Die Verbindung, die man den Juden zu den Türken nachsagte, reichte bis zu den Türkenkriegen zurück (vgl.: Juden und Politik – Sind Juden Verräter und Spione?). Die sephardische Gemeinde von Saloniki, dem größten jüdischen Zentrum der Türkei, unterstützte zwar nicht die Türken, bevorzugte aber das Osmanische Reich. Dort wurden alle nichtmuslimischen Untertanen gleich behandelt (nach Laune des jeweiligen Sultans oft gleich schlecht), während bei den Griechen dieselben antisemitischen Vorurteile herrschten wie im alten Byzantinischen Reich.

Haben sich die Juden vor dem amerikanischen Bürgerkrieg gedrückt?

Im Jahr 1891 bezweifelte der amerikanische Publizist Henry Rogers in einem öffentlichen Brief die Teilnahme der Juden am amerikanischen Bürgerkrieg (1861 – 1865). Da er selbst eineinhalb Jahre gedient habe, könne er mit Sicherheit sagen, dass kein Jude als Soldat daran teilgenommen habe.

Doch ein Jahr später veröffentlichte die Gesellschaft für amerikanisch-jüdische Geschichte eine Auflistung der jüdischen Soldaten, die in den Revolutionskriegen gefallen waren: Der Anteil jüdischer Soldaten im Bürgerkrieg lag proportional weit über dem anderer ethnischer oder religiöser Gruppen in den USA.

Sind Juden feige?

Man beschimpfte die Juden pauschal als feige, weil sie angeblich nicht an Kriegen teilnehmen wollten. Den Ostjuden warf man vor, dass sie zu Beginn des Ersten Weltkriegs vor der russischen Armee nach Westen flohen. Im Gegensatz zu den „treuen und tapferen" Soldaten, die ihre Heimat verteidigten, wollten sie nur „ihre kümmerliche Existenz" retten. Die Juden hatten indes gute Gründe für ihre Flucht, sie hatten die grausamen russischen Pogrome noch gut in Erinnerung.

Generell unterstellte man den Juden, sie erfüllten nie ihre „vaterländische Pflicht" und drückten sich vor dem Krieg. Ihre Vorbehalte gegen den Militärdienst hatten jedoch gute Gründe:

Erstens genossen die Juden in den meisten osteuropäischen Ländern keine vollwertigen bürgerlichen Rechte und waren sogar häufig Opfer behördlich organisierter Massaker. Warum also hätten sie sich für ein Land, das sie unterdrückte, töten lassen sollen? Zumal der jahrzehntelange russische Militärdienst damals die Zerstörung der zivilen Existenz bedeutete.

Zweitens war ihnen im Mittelalter der Waffendienst generell untersagt gewesen, es hatte sich also keine kriegerische Tradition bilden können.

Drittens ließ sich der talmudisch geschulte Geist der Juden nicht so schnell von Kriegsbegeisterung und Mordlust anstecken, wie dies bei der breiten Masse der Fall war. Die Juden reagierten weniger impulsiv, sondern wägten die Dinge gründlicher ab. Aufopferungsvoll dagegen kämpften sie für sinnvolle Ziele, etwa bei den Aufständen in der Antike gegen das übermächtige Rom oder in den Befreiungskriegen gegen Napoleon.

Am Ersten Weltkrieg nahm jeder sechste deutsche Jude teil. 12.000 von den 100.000 fielen an der Front (vgl.: Juden und Politik – Haben sich die Juden vor dem amerikanischen Bürgerkrieg gedrückt?, und: Haben sich die Juden vor dem Ersten Weltkrieg gedrückt?). Mancher jüdische Emigrant, der als „Feind des Reiches" ins Ausland geflüchtet war, kämpfte während des Zweiten Weltkriegs als Soldat der alliierten Armeen. Zu allem Überfluss warf man diesen Juden dann vor, ins Lager des Feindes übergelaufen zu sein – ob-

wohl man sie in der Heimat mit dem Tod bedroht hatte (vgl.: Juden und Politik – Haben sich die amerikanischen Juden vor dem Zweiten Weltkrieg gedrückt?).

Inzwischen hat sich das Bild vom jüdischen Soldaten gewandelt, weil junge Israelis nicht nur unter schwersten Opfern ihr eigenes Land neu aufgebaut haben, sondern auch dafür bereit sind zu kämpfen und zu sterben.

Haben sich die Juden vor dem Ersten Weltkrieg gedrückt?

Um das Jahr 1900 wurden Juden auf antisemitischen Postkarten als kleinwüchsig und verweichlicht dargestellt, verspottet als körperlich ungeeignet für den Militärdienst. So entwickelte sich das Klischee von der körperlichen Untauglichkeit der Juden, vom „schwächlichen Großstadtjuden". Die Wahrheit war wieder einmal eine andere.

Wie die überwiegende Mehrheit des Volkes ließen sich auch die meisten deutschen Juden von der großen Kriegsbegeisterung mitreißen, die 1914 herrschte. Viele Juden folgten dem Aufruf zu vorbehaltlosen Opfern für das Vaterland und meldeten sich freiwillig zur Front. Tausende wurden für ihre Tapferkeit sogar ausgezeichnet mit dem *Eisernen Kreuz*. Doch trotz ihres Patriotismus waren die Juden gesellschaftlich nicht völlig gleichgestellt.

Jüdische Offiziersanwärter und Bewerber für hohe Beamtenposten blieben auch im Jahr 1914 benachteiligt gegenüber nichtjüdischen Konkurrenten. Bald nach Kriegsende warfen Antisemiten den Juden vor, sich vor dem Kriegsdienst gedrückt zu haben. Daraufhin wurde 1916 die Beteiligung jüdischer Soldaten am Ersten Weltkrieg gezählt. Ehemaliger Soldat und prominenter Zeuge dieser „Judenzählung" war der Schriftsteller Arnold Zweig (1887–1968). 19 Prozent der Deutschen waren zum Krieg eingezogen worden, mit 17 Prozent lag der Anteil der Soldaten unter den Juden nur knapp darunter. Die geringe Abweichung bedeutete jedoch kein Drückebergertum, sondern resultierte aus der unterschiedlichen Altersstruktur der Juden im Verhältnis zur Einwohnerzahl insgesamt. Die deutschen Juden waren seit den 1880er Jahren stark überaltert: Ihr

wirtschaftlicher und gesellschaftlicher Aufstieg hatte niedrigere Geburten- und Sterberaten zur Folge gehabt.

Auf deutscher Seite waren etwa hunderttausend Juden unter den Soldaten des Ersten Weltkrieges gewesen. 80 Prozent von ihnen kämpften an der Front, 35 Prozent erhielten Auszeichnungen, zwölftausend jüdische Soldaten fielen oder blieben vermisst.

Ähnlich war die Situation in Österreich: Zehn Prozent der Offiziere der k. u. k. Armee waren in den 1910er Jahren Juden, darunter mehrere Generäle. Während des Ersten Weltkriegs kämpften 310.000 jüdische Soldaten, 40.000 von ihnen fielen. Beträchtliche Zahlen angesichts des Klischees vom „feigen und wehruntauglichen Kaffeehausjuden".

Sind die Juden schuld an der Niederlage im Ersten Weltkrieg?

Nach Meinung der Nationalsozialisten war die militärische Niederlage der Deutschen im Ersten Weltkrieg folgenden Gruppen zu verdanken: Sozialisten, Kommunisten, Pazifisten und Juden. Diese so genannte „Dolchstoßlegende" ist zwar von der Geschichtsforschung vollständig widerlegt worden, hält sich aber unter den Antisemiten noch immer.

Dem verlorenen Krieg folgte der wirtschaftliche Zusammenbruch. Die Spannungen verstärkten sich durch revolutionäre Unruhen zu Beginn der Weimarer Republik. Vermehrt kamen jetzt wieder antisemitische Strömungen auf. In gewissen Kreisen glaubte man „verjudete" Demokraten auszumachen und „jüdisch infiltrierte" Bolschewisten. Was die Antisemiten jedoch nicht davon abhielt, die Juden gleichzeitig als Repräsentanten des Kapitalismus anzuprangern, die verantwortlich waren für die negativen Begleiterscheinungen des verlorenen Kriegs.

War Erich Maria Remarque ein Jude?

Nein, er war der Sohn von Peter Franz Remark, einem katholischen Buchdrucker aus Osnabrück, und seiner ebenfalls katholischen Ehefrau Anna Maria. Die Nazis streuten das Gerücht, Erich

Maria Remarque, der Autor von *Im Westen nicht Neues*, sei Jude. Der Name Remarque (gesprochen *Remark*), 1929 weltberühmt geworden, sei die Umkehrung des angeblich jüdischen Namens *Kramer*.

Denjenigen, die eine Aufrüstung der deutschen Wehrmacht befürworteten, passte Remarques Roman zu Beginn der 1930er Jahre überhaupt nicht ins Konzept; aus ihrer Sicht bedrohte er den Wehrwillen der Deutschen. Remarque rechnete nämlich gnadenlos ab mit der Heldenverehrung für die Soldaten des Ersten Weltkriegs. Im Gegensatz zur üblichen nationalsozialistischen Kriegsliteratur hatte Remarque Kampf, Leiden und Tod entmystifiziert.

Im Westen nichts Neues wurde schon bald nach seinem Erscheinen zum Welterfolg und entfachte eine Debatte bei Lesern, Kritikern, politischen Parteien, staatlichen Institutionen und militärischen Organisationen.

Durch den Sensationserfolg des Romans sah die nationalsozialistische Rechte ihre außenpolitischen Ziele gefährdet. Ginge es nach ihr, sollte Deutschland das Ergebnis des Kriegs korrigieren und sich erneut anstrengen, eine europäische Hegemonialmacht zu werden. Dies setzte militärische Mittel voraus.

Das österreichische Kriegsministerium schloss das Buch aus den Soldatenbüchereien aus, Mussolini verhinderte das Erscheinen des Romans in Italien, der Thüringer Landtag verbot ihn in allen Lehrer- und Schülerbibliotheken.

Als Antikriegsroman war das Buch den Nationalsozialisten ein Dorn im Auge. Mit der Behauptung, Remarque sei Jude, wollte man den Autor, der die Schrecken des Kriegs so eindrucksvoll geschildert hatte, beim Publikum verunglimpfen.

Sind Juden Revolutionäre?

Von den großen Revolutionen der Geschichte erhofften sich die Juden stets, dass sie eine Gesellschaft ohne Antisemitismus hervorbrächten. Keine dieser Revolutionen erreichte dieses Ziel. Die französische Revolution von 1789, die sich der Freiheit, Gleichheit und Brüderlichkeit verschrieben hatte, endete im napoleonischen Imperialismus. Die Wiener Revolution von 1848, die dem franzö-

sischen Vorbild von 1789 folgte, konnte den Antisemitismus ebensowenig beenden wie der Umsturz 1918 in Deutschland. Die Februarrevolution unter Alexander Kerenski im Jahr 1917 brachte zwar allen Minderheiten, auch den Juden, die rechtliche Gleichstellung, 149 antijüdische Gesetze wurden aufgehoben. Doch nach der Oktoberrevolution kam es im russischen Bürgerkrieg zu den bislang schwersten Pogromwellen in den Gebieten, die die „Weißen" Konterrevolutionäre besetzt hatten. Dies kostete, vor allem in der Ukraine, etwa sechzigtausend Juden das Leben. Während des praktizierten Realsozialismus der kommunistischen Ostblockstaaten entstanden neue Klassen und mit ihnen neue Formen des Antisemitismus. Die Juden Leo Trotzki, Nikolai Bucharin und Karl Radek waren prominente Opfer des Stalinismus.

In den tschechoslowakischen Schauprozessen von 1952 bis 1954 stand an erster Stelle der zum Tode verurteilten „Verräter" ein Jude namens Radolf Slansky. Weitere sieben der 14 Angeklagten waren ebenfalls Juden.

Juden führten die Revolution und die Konterrevolution an, in der Sowjetunion der zwanziger Jahre wie im Prag der fünfziger Jahre des 20. Jahrhunderts – eine Doktrin verfolgten sie nicht. Sie leisteten Widerstand gegen das jeweilige System, wenn es unmenschlich war oder sie entrechtete.

In vielen Revolutionen standen Juden an erster Stelle der Erneuerer, weil sie sich durch die Revolution ihre vollwertige Stellung als Bürger und Menschen versprachen. Ihr Scheitern ließ die Juden mit dem Klischee des Revolutionärs zurück.

Ist Judentum das Gleiche wie Bolschewismus?

Mitchell Palmer, Generalstaatsanwalt der USA und Kommunistenhasser, blies im Jahr 1919 zur Jagd auf die Bolschewiken in Amerika. Was ihn dazu trieb, war die Angst sowohl vor den Kommunisten, die bereits im Land waren, als auch davor, dass weitere russische Radikale einwanderten. Palmer hatte keine Vorurteile gegen Juden im Speziellen. Doch seine Kampagne traf vor allem sie, weil Juden unter den Kommunisten in Amerika und Russland an erster Stelle standen.

Kurz nach Palmers Aufruf zur Treibjagd erschien in den USA ein Nachdruck der *Protokolle der Weisen von Zion*.

Dieses Pamphlet vermittelt den Eindruck einer Verschwörung: Eine Clique einflussreicher Juden wolle angeblich die Macht über die Welt erlangen (vgl.: Juden und Politik – Wie entstand das Märchen von der jüdischen Weltverschwörung?). Henry Ford, Gründer des gleichnamigen Autokonzerns und Antisemit, verbreitete diese Hirngespinste in hunderttausendfacher Zeitungsauflage. Laut den *Protokollen* gehörten jüdische Erzkapitalisten wie die Rothschilds ebenso zu den vermeintlichen Weltverschwörern wie der Kommunist Leo Trotzki, ein ukrainischer Jude, der eigentlich Lew Dawidowitsch Bronstein hieß. Die *Protokolle* sollten den Erfolg der bolschewistischen Revolution erklären. Gleichzeitig warnten sie davor, die Juden, insbesondere jene in Amerika, zu viel Macht und Reichtum erringen zu lassen.

Der von Henry Ford herausgebrachte Nachdruck der *Protokolle* schürte den Antisemitismus in den USA.

Der Vorwurf, Juden seien Bolschewisten, gründet darauf, dass unter den Mitgliedern der kommunistischen Bewegung einige prominente Juden waren. Zu den bekanntesten Vertretern zählten: Karl Radek, Leo Trotzki in Russland, Rosa Luxemburg in Deutschland, Bela Kun in Ungarn und Anna Pauker in Rumänien. Im Jahr 1925 verzeichnete die Kommunistische Partei in Amerika 16.235 Mitglieder, darunter 2.282 Juden – immerhin 14 Prozent.

Manche Juden neigten zum Kommunismus, weil man sie gesellschaftlich ausgrenzte. Auch sympathisierten sie mit der bolschewistischen Revolution. Das neue Regime in der Sowjetunion der 1920er Jahre verwarf zwar die jüdische Religion und den Zionismus, förderte jedoch die weltlich-jüdische Kultur und bekämpfte als einzige Regierung der Welt aktiv den Antisemitismus. Deshalb standen viele Juden auf der Seite der Sowjetregierung, auch wenn sie den Kommunismus an sich verabscheuten und gegen die Unterdrückung der Religion waren.

Weil viele Juden in Amerika mit dem bolschewistischen Regime der Sowjetunion sympathisierten, wurden sie zu einem leichten Ziel, als man den amerikanischen Kommunismus bekämpfte. Die Kampagne von Generalstaatsanwalt Mitchell Palmer gegen die ver-

meintlich subversiven Kräfte in den USA reduzierte die Anzahl und den Einfluss amerikanischer Juden. Sie galten nicht als individuelle Personen, sondern als Mitglieder einer Gruppe, die dazu neigte, politisch radikal zu sein.

In der antisemitischen Propaganda wurde Judentum gleichgesetzt mit: Sozialismus, Anarchismus, Kommunismus und Bolschewismus. Der amerikanische Präsident William McKinley war von einem jüdischen Anarchisten ermordet worden, der aus Russland eingewandert war. Karl Marx, der Verfasser des Kommunistischen Manifests von 1848 und Begründer des Marxismus, war Jude. Ebenso Ferdinand Lasalle, Gründer des Allgemeinen Deutschen Arbeitervereins, und Viktor Adler, der Einiger der österreichischen Sozialdemokratie.

Was man dabei übersah, war, dass gerade der sowjetrussische Kommunismus, seit 1903 als Bolschewismus bezeichnet, in seiner extrem antikirchlichen Haltung auch vor dem streng religiösen Judentum nicht Halt machte.

Sind die Juden ein Tätervolk?

Antisemiten verweisen gerne darauf, dass die Juden an der russischen Revolution beteiligt waren, was sie angeblich zu einem „Tätervolk" mache. Ihre bloße Beteiligung wird hier als Beweis herangezogen, für die Grausamkeiten der Revolution verantwortlich zu sein. Selbstverständlich befanden sich unter den russischen Revolutionären – außer den assimilierten Juden – viel mehr russisch-orthodoxe und katholische Umstürzler, die in diesem Zusammenhang aber nicht erwähnt werden, weil sich mit ihnen die antisemitische These nicht untermauern lässt.

Wie entstand das Märchen von der jüdischen Weltverschwörung?

Der zaristische Agent Pawlokai Kruschew veröffentlichte im Jahr 1903 in der Zeitschrift *Znamja* (Das Banner) einen Artikel mit dem Titel „Die Protokolle der Weisen von Zion". Es wurde die berühmteste Schmähschrift in der Geschichte des Antisemitismus. Der Inhalt:

die vermeintlichen Pläne zur Errichtung einer jüdischen Weltmacht durch wirtschaftliche, politische und geistige Herrschaft.

Laut den *Protokollen*, ihren Einführungen und Kommentaren unterwanderten Juden die europäische Gesellschaft, indem sie heraufbeschworen hätten: die Französische Revolution, den Sozialismus, den Kommunismus und die Anarchie. Des Weiteren manipulierten sie angeblich den Goldpreis, um eine internationale Finanzkrise zu verursachen (vgl.: Juden und Geld – Gibt es eine internationale jüdische Hochfinanz?). Damit nicht genug, strebten sie nach Kontrolle der Medien und schürten religiöse Vorurteile. Nach Übernahme der Weltherrschaft planten sie, eine Monarchie zu errichten. Bei ihrer vermeintlichen Weltverschwörung würden die Juden von den Freimaurern unterstützt.

Die *Protokolle* waren ursprünglich reaktionäre Propaganda, die die Französische Revolution als freimaurerische Verschwörung verunglimpfen sollte. Mitte des 19. Jahrhunderts tauchten derartige Behauptungen auch in der deutschen Presse auf.

Vermutlich wurden die *Protokolle* zur Zeit der Dreyfus-Affäre (1894) von Pjotr Iwanowitsch Ratschkowski verfasst, dem Leiter der Auslandsabteilung des russischen Geheimdienstes (*Ochrana*) in Paris, angeblich als Niederschrift von Geheimsitzungen des ersten Zionistenkongresses in Basel im Jahr 1897. Der Zionistenkongress war jedoch keine Weltverschwörung, sondern die Vereinigung von Zionisten, der Befürworter eines eigenen jüdischen Staates nach der Idee Theodor Herzls und dessen Buch *Der Judenstaat* aus dem Jahr 1896.

Die französische Rechte benötigte ein Dokument, um den angeblichen Verschwörer, Hauptmann Alfred Dreyfus, zu überführen (vgl.: Juden und Politik – Hat Hauptmann Dreyfus Hochverrat begangen?). Die russische Regierung wollte mit den *Protokollen* die antisemitische Politik des Zaren rechtfertigen. Als man 1917 eine neue, erweiterte Fassung des Buches bei der ermordeten Zarin fand, galt dies als doppelter Beweis: erstens, dass die Juden zur bolschewistischen Revolution angestiftet hatten; zweitens, dass die *Protokolle* echt waren.

Die Gegner der russischen Revolution brachten die *Protokolle* auf ihrer Flucht in den Westen mit. In Deutschland erschienen sie 1919

unter dem Titel *Die Geheimnisse der Weisen von Zion*. Zwischen 1919 und 1923 übernahmen nationalsozialistische Ideologen die Mär von der jüdischen Weltverschwörung. Adolf Hitler glaubte, dass die *Weisen von Zion* nicht nur den Ersten Weltkrieg gegen Deutschland ausgelöst, sondern auch die bolschewistische Revolution in Russland angezettelt hätten. Das NSDAP-Parteiblatt *Der Stürmer*, erschienen seit 1923, zitierte genauso häufig aus den *Protokollen* wie der *Völkische Beobachter*.

Anfang der 1920er Jahre tauchten die *Protokolle* in amerikanischen Zeitungen auf, die den oben beschriebenen Zusammenhang zum Bolschewismus herstellten. Besonders der Industrielle Henry Ford trat als überzeugter Antisemit hervor. Die von ihm gegründete Zeitung *The Dearborn Independent* veröffentlichte im Sommer 1920 eine Artikelserie, die einen Abklatsch der *Protokolle* darstellte. In hunderttausendfacher Auflage erschien sein Buch *Der internationale Jude,* in dem er deren Inhalt mit eigenen Thesen untermauerte. Vor allem die Kampagne von Henry Ford war verantwortlich für den Antisemitismus in den USA nach dem Ersten Weltkrieg.

Sobald der Automobilfabrikant Ford merkte, dass seine antisemitische Propaganda schlecht fürs Geschäft war, weil sowohl Juden als auch liberale Christen seine Autos boykottierten, distanzierte er sich von seiner unrühmlichen Artikelserie. Im Juni 1927 versuchte er, sein Buch, inzwischen weltweit übersetzt, vom Markt zu nehmen. Trotzdem zeigte Fords Kampagne Wirkung, sogar an manchen Hochschulen: Die Yale University führte 1925 ein diskriminierendes Aufnahmesystem ein, das Kinder von nichtjüdischen Absolventen bevorzugte und die Zahl jüdischer Studenten begrenzte.

Auch in Großbritannien stießen die *Protokolle* zunächst auf ernstes Interesse: Die Londoner *Times* veröffentlichte sie am 8. Mai 1920. Allerdings gelang es der *Times* bald, den Text als Fälschung zu entlarven, worüber sie am 18. August 1921 die Öffentlichkeit informierte. Seit diesem Zeitpunkt waren die *Protokolle* in Großbritannien diskreditiert. Dennoch wurden sie zwischen 1919 und 1945 in alle europäischen Sprachen übersetzt.

Noch vor dem Zweiten Weltkrieg fanden zwei Prozesse um ihren Inhalt statt: in Port Elisabeth (Südafrika) und im schweizerischen Bern. Beide bestätigten zwar offiziell, dass die *Protokolle* gefälscht

waren, doch waren sie zu dieser Zeit bereits weltweit verbreitet.

Auch nach dem Zweiten Weltkrieg wurden die *Protokolle* veröffentlicht, im Nahen und Mittleren Osten, in den kommunistischen Ländern, in Südamerika und in Japan.

Obwohl sie im Lauf der Jahrzehnte immer wieder als plumpe Fälschung entlarvt wurden; obwohl führende NSDAP-Ideologen zugeben mussten, dass kein juristischer Beweis für die Echtheit vorliegt; obwohl antisemitische Propagandaredner ihre Behauptungen vor Gericht widerrufen mussten, hielt sich hartnäckig die Lüge von der angeblichen jüdischen Weltverschwörung. Bis heute ist es das meistverbreitete antisemitische Klischee überhaupt.

Haben die Juden in den 1920er Jahren die amerikanische Gesellschaft beherrscht?

Nein, wegen der antisemitischen Stimmung in den 1920er Jahren gab es in Amerika nur wenige Juden in höheren Positionen. Bis zu Beginn des Zweiten Weltkriegs war für Juden in den USA eine freie Ausbildungs- und Berufswahl nicht möglich. Wegen des Verdachts, revolutionären Ideen anzuhängen, schloss man sie von den Universitäten aus. Gesellschaftlich waren die Juden isoliert.

Weshalb wurde Juden die Aufnahme an amerikanischen Universitäten verweigert?

Im Jahre 1922 führt man eine Quote für Studienplätze an den medizinischen Fakultäten ein, die den Zugang von jüdischen Studenten einschränkte. Daraufhin verließen viele Juden die USA, um in Europa, vor allem in Italien, zu studieren.

Doch auch nach einem erfolgreich abgeschlossenen Medizinstudium waren ihre Chancen auf dem US-Arbeitsmarkt schlecht. Krankenhäuser stellten kaum Juden ein. Aufgabe der jüdischen Krankenhäuser, die in den 1920/30er Jahren gebaut wurden, war es deshalb nicht nur, jüdische Patienten zu versorgen, sondern auch, jüdischen Ärzten zur Anstellung zu verhelfen. Jüdische Professoren gab es damals in den USA fast keine, was den Zugang der Juden zu medizinischer Forschung und Wissenschaft nahezu unmöglich

machte. Jüdischen Ärzten blieb also oft nichts anderes übrig, als eine Privatpraxis zu eröffnen.

Ähnlich sah die Situation bei jüdischen Rechtsanwälten aus: Jüdische Kanzleien waren die Ausnahme und nichtjüdische stellten keine Juden ein. So blieb jüdischen Anwälten keine andere Wahl, als sich selbstständig zu machen.

Auch die Literaturwissenschaft machte keine Ausnahme: Juden durften in den Anglistik-Fakultäten der Universitäten keine Dozenten werden. Nach Meinung der Antisemiten waren jüdische Hochschüler, ungeachtet ihrer Ausbildung, unfähig, amerikanische Literatur und Geschichte zu begreifen. In der intellektuellen Elite Amerikas in den 1920/30er Jahren war für Juden kein Platz.

Eine Generation zuvor, während der großen Einwanderungswelle um 1900, hatte man sich für die Juden noch interessiert, für ihre eigentümliche Sprache und die exotische Welt des Ghettos. Die Nachkommen der Einwanderer, in Amerika aufgewachsen und zur Schule gegangen, galten wegen ihrer hervorragenden Ausbildung jedoch als potentielle Konkurrenten ihrer Studienkollegen und Lehrer. So wurden sie systematisch verdrängt aus der Gesellschaft, die ihnen einst ermöglicht hatte, Amerikaner zu werden. Akademiker unter den amerikanischen Juden waren selten. Die meisten Söhne der Einwanderer versuchten in den 1920er Jahren eine Karriere im Geschäftsleben. Manche wurden dabei reich.

Haben sich die amerikanischen Juden vor dem Zweiten Weltkrieg gedrückt?

500.000 Juden haben im Zweiten Weltkrieg auf amerikanischer Seite gedient. 11.000 von ihnen wurden getötet, 24.000 kehrten verwundet und 36.000 mit Auszeichnungen dekoriert aus dem Krieg zurück.

Haben sich die amerikanischen Juden nach dem Zweiten Weltkrieg gegen Deutschland verschworen?

Nach dem Zweiten Weltkrieg wollten die Alliierten einen Plan, benannt nach dem US-Finanzminister Henry Morgenthau, in die Tat umsetzen: die völlige Stilllegung der Kriegsindustrien im Ruhr- und Saargebiet und die Umwandlung Deutschlands zum Agrarstaat. Alle industriellen Anlagen sollten demontiert und entfernt oder zerstört werden. Der Morgenthau-Plan stammte von dem Berater des Finanzministers: Dr. Henry (Harry) Dexter White. Beide, Morgenthau und White, waren Juden. Dies genügte, um den amerikanischen Juden zu unterstellen, sie hätten sich zur Vernichtung Deutschlands verschworen.

Nach der Konferenz von Quebec im September 1944 wurde der Morgenthau-Plan übrigens fallen gelassen.

Haben amerikanische Juden die USA an die Sowjets verraten?

Im Jahr 1948 sorgte der *Spionagefall Fuchs* weltweit für Aufsehen, er galt als der größte Verrat des Jahrhunderts. Amerikanische Atom-Geheimnisse waren in die Hände der Sowjets gelangt. Einige der Informanten, die Verbindung zum sowjetischen Geheimdienst hatten, waren Juden.

Dr. Klaus Fuchs, der eine führende Rolle im Manhattan-Projekt, dem Bau der amerikanischen Atombombe, einnahm, war zwar kein Jude – jedoch viele seiner engsten Vertrauten: Harry Gold, dessen Eltern vor den Pogromen aus Kiew geflohen waren. Nachdem er die Arbeitsbedingungen der Unterschicht erlebt hatte, wurde er zunächst Kommunist aus Überzeugung und später Spion.

Auch der Vater von David Greenglass, einem weiteren engen Mitarbeiter von Dr. Fuchs, war vor den Judenverfolgungen aus Russland in die USA geflohen. David Greenglass' Schwester Ethel war mit Julius Rosenberg verheiratet, dessen Eltern aus Osteuropa in die USA eingewandert waren. Das Ehepaar Rosenberg hatte für die Weiterleitung der Atomgeheimnisse an die Sowjets gesorgt. Dr. Klaus Fuchs stand seit 1941 mit den Sowjets in Verbindung. Sein

damaliger Kontaktmann in London war der Jude Simon Dawidowitsch Kremer.

Zu allem Unglück waren zwei weitere Spione ebenfalls Juden: George Silverman und Nathan Gregory Silvermaster, beide enge Freunde von Dr. Harry Dexter White, dem Erfinder des Morgenthau-Plans. Das machte die Verschwörungstheorie in der Öffentlichkeit perfekt: Eine Organisation jüdischer Einwanderer hatte die amerikanische Nation an die Bolschewiken verraten.

Klaus Fuchs und Harry Gold waren voll geständig; Gold wurde zu dreißig, Greenglass zu fünfzehn Jahren Gefängnis verurteilt. Julius und Ethel Rosenberg, die ihre Beteiligung leugneten, verurteilte das Gericht zum Tode. Den Vorsitz hatte Bundesrichter Irving Robert Kaufmann, der selbst Jude war. Trotzdem blieb in der Öffentlichkeit das Klischee erhalten: Die Spione waren jüdische Kommunisten, also waren die Kommunisten Juden und die Juden Kommunisten und Spione.

Wird die Weltmacht USA von den Juden beherrscht?

Das bekannte Klischee, die Juden dominierten Wirtschaft und Politik, wird hier dadurch verstärkt, dass in den USA im Vergleich zu anderen Ländern viele Juden leben.

Um das Jahr 1850 betrug ihre Zahl nur ca. sechzigtausend, seit den russischen Pogromen von 1881 kamen jährlich etwa sechstausend hinzu. Bis 1910 stieg ihre Zahl auf zwei Millionen, um 1930 lebten schon über vier Millionen Juden in den USA.

Die größte jüdische Gemeinde außerhalb Israels befindet sich in den Vereinigten Staaten. Von den fast sechs Millionen amerikanischen Juden leben knapp zwei Millionen in New York City und stellen dort fast ein Viertel der Einwohner. Der gesamte Anteil der Juden unter den Einwohnern Amerikas beträgt nur zwei Prozent, doch ist dies der höchste Prozentsatz in allen Ländern der Welt. Weltweit gibt es nur etwa dreizehn Millionen Juden; somit leben fast die Hälfte von ihnen in den USA.

Dass die Juden auf Amerika fokussiert sind, ist also nicht von der Hand zu weisen. Trotzdem kann von einer zahlenmäßigen Überlegenheit bei 260 Millionen Amerikanern natürlich nicht die Rede

sein. Viel interessanter ist indes folgende Frage: Besitzen die Juden in den USA große politische oder wirtschaftliche Macht?

Weil Juden oft an prominenter Stelle in der amerikanischen Regierung standen und stehen, wurde verallgemeinert, der Staat USA werde durch das „Wallstreet-Judentum" beherrscht. So zum Beispiel: Finanzminister Henry Morgenthau, Außenminister Henry Kissinger, Finanzminister Michael Blumenthal, Regierungssprecher Ari Fleischer, New Yorks Bürgermeister Michael Bloomberg und Notenbankpräsident Alan Greenspan. Leider vergisst man dabei stets aufzuzählen, wieviel mehr nichtjüdische Personen (irischer, italienischer, deutscher oder englischer Abstammung) eine Machtposition besitzen. Die Vereinigten Staaten sind nun einmal ein riesiger Schmelztiegel der Kulturen; viele Juden sind dorthin eingewandert (vgl.: Juden und Geld – Gibt es eine internationale jüdische Hochfinanz?).

Sind die Juden schuld an den Attentaten vom 11. September 2001 in New York?

Diese Frage ist genauso absurd wie die Behauptungen, alle Pornofilme würden von jüdischen Produzenten finanziert, die Juden kontrollierten den weltweiten Drogenhandel, sie seien Schuld am Attenat auf John F. Kennedy und an Aids. Alle diese Klischees basieren auf einer angeblichen jüdischen Weltverschwörung (vgl.: Juden und Politik – Wie entstand das Märchen von der jüdischen Weltverschwörung?).

Offenbar scheint kein Vorwurf zu absurd, um ihn den Juden zu unterstellen. Die Anschläge vom 11. September 2001 gehen allen Verschwörungstheorien zum Trotz auf das Konto der Organisation „Al Qaida" des saudi-arabischen Terroristenführers Osama Bin Laden.

Nach den Terroranschlägen auf die Türme des World Trade Centers in New York kursierten im Internet die widersinnigsten Theorien. Einige der „Verschwörungstheoretiker", die sich schon kurze Zeit nach dem Anschlag zu Wort meldeten, wollten beispielsweise wissen, dass die Wrackteile, die bei einem Flugzeugaufprall zwangsläufig absplittern, in der Umgebung des Einsturzes

fehlten. Keine Flugzeugteile, folglich kein Flugzeug, also kein Anschlag. Der Einsturz des World Trade Centers sei demnach auf andere Weise verursacht worden. Von wem, war klar: vom amerikanischen Geheimdienst CIA und vom israelischen Geheimdienst Mossad. Von der CIA, weil ohne Wissen und Billigung der CIA so ein Anschlag auf amerikanischem Boden nie stattfinden könne. Vom Mossad, weil die Juden ja ohnehin Amerika beherrschen (vgl. vorher: Wird die Weltmacht USA von den Juden beherrscht?), und weil man insgeheim großen Respekt vor dem militärischen Können des Mossad hat. Das „verschworene Weltjudentum" sollte also wieder einmal Drahtzieher hinter den Kulissen gewesen sein (vgl.: Juden und Politik – Wie entstand das Märchen von der jüdischen Weltverschwörung?).

Im Mittelalter hatte man die Juden auch für Ritualmorde, Hostienfrevel, Brunnenvergiftung und die Pestepidemien verantwortlich gemacht (vgl.: Juden im Mittelalter – Haben die Juden die Pestepidemien verursacht?). Passiert irgendwo auf der Welt ein Unglück, sind die Juden daran schuld.

Juden im Dritten Reich

Gab es in Deutschland viele Juden?

Bei weitem nicht so viele, wie die Nationalsozialisten behauptet haben. Im Jahr 1820 lebten im deutschsprachigen Raum etwa 220.000 Juden. Bis zur Reichsgründung 1871 wuchs diese Zahl auf 380.000, bis zum Jahr 1900 auf 500.000, und 1930 gab es 565.000 Juden unter den 68 Millionen Deutschen.

Die Zunahme lag vor allem daran, dass „Ostjuden" aus Polen, dem Baltikum und Russland einwanderten. Der Anteil der Juden unter den deutschen Einwohnern schwankte immer um ein Prozent, war also nicht besonders hoch. Selbst in der angeblich „verjudeten" Viermillionen-Metropole Berlin waren weniger als fünf Prozent der Einwohner Juden (vgl.: Allgemeines – Weshalb leben die meisten Juden in Großstädten?).

Haben die Juden die Wirtschaft beherrscht?

In seinem Programm zur Wahl des Reichskanzlers beschloss Adolf Hitler, die Juden in der deutschen Wirtschaft radikal auszuschalten, weil sie angeblich eine überwältigende Machtposition darin hätten. Jüdische Bankiers und Wirtschaftsführer waren jedoch in Deutschland eine Minderheit. Nicht sie waren Anfang der 1930er Jahre für den Bankenkrach und den Niedergang der deutschen Industrie verantwortlich, sondern die Folgen des Ersten Weltkrieges und die Weltwirtschaftskrise. Dass die Nationalsozialisten die jüdischen Kaufleute als „Wirtschaftsschädlinge" anprangerten, war reine Propaganda; ihre Beseitigung diente nur den nichtjüdischen Konkurrenten (vgl.: Juden im Dritten Reich – Weshalb waren einige Deutsche gegen die „Arisierung" jüdischer Geschäfte?).

Haben die Juden gewusst, was sie erwartet?

Die allermeisten konnten es sich nicht vorstellen, obwohl dies aufgrund Adolf Hitlers antisemitischer Ideologie eigentlich offensichtlich war. Die Nationalsozialisten verfolgten eine Art Stop-and-Go-Politik. Ihre Strategie, die Juden zu entrechten und zu vertreiben, bestand aus vielen einzelnen Schritten. Je nach politischer Lage wurde die NS-Judenpolitik einmal vorangetrieben, dann wieder trat Stillstand ein. Den Juden wurde zeitweise vorgegaukelt, sie könnten auf stabile Rechtsverhältnisse hoffen. Doch zugleich wurden sie permanent bedroht; die Lage konnte jederzeit eskalieren mit noch mehr antijüdischen Gesetzen und Verordnungen. Mit dieser Strategie wollte man die Juden verunsichern.

Aus verschiedenen Gründen waren viele Juden nicht bereit zu einer Flucht ins Ausland (vgl.: Juden im Dritten Reich – Warum sind nicht alle Juden ins Ausland geflüchtet?). Gerade weil der nationalsozialistische Staat so unberechenbar war, hielten viele Juden an der Illusion fest, unbehelligt in ihrem Vaterland bleiben zu können.

Weshalb waren einige Deutsche gegen die „Arisierung" jüdischer Geschäfte?

Einige deutsche Geschäftsinhaber waren gegen die geplanten „Arisierungen", also die zwangsweise Übernahme von jüdischen Geschäften. Jedoch nicht immer aus Menschenfreundlichkeit, sondern auch aus eigenem Geschäftsinteresse. Juden waren im Dritten Reich vielen Regeln unterworfen, die es ihnen unmöglich machten, ihre Geschäfte mit Gewinn weiter zu führen. Somit waren sie als Konkurrenten für die „arischen" Mitbewerber gebannt. Eine „Arisierung" jedoch bedeutete, dass das Geschäft auf einen „arischen" Inhaber überging, der an keine der Beschränkungen gebunden war. Die Konkurrenz hätte sich also verschärft.

Dies zeigte sich auch in den Fällen, in denen Liquidierungen, also ganze Geschäftsauflösungen, angeordnet wurden. Hier widersprachen die ortsansässigen Händler nie, weil die Konkurrenz ohnehin vollständig beseitigt wurde.

Hat der Mordanschlag auf den Diplomaten Ernst vom Rath die „Reichskristallnacht" verursacht?

Der 17-jährige Herschel Grynszpan, ein Jude aus Hannover, erfuhr in Paris von der Deportation seiner Familie nach Polen. Er hatte sich schon längere Zeit illegal in Frankreich aufgehalten und bemühte sich nun um Papiere zur Ausreise nach Deutschland, weil er seinen Eltern helfen wollte. Am 7. November 1938 verletzte er den Legationsrat Ernst vom Rath in der deutschen Botschaft mit drei Schüssen so schwer, dass dieser zwei Tage später daran starb. Das Attentat war jedoch nicht die Ursache, sondern nur der Vorwand für eine staatlich organisierte Pogromnacht, die den Wendepunkt in der Judenpolitik des Dritten Reiches einleitete.

Am 9. November 1938 hielt Goebbels in München eine antijüdische Hetzrede, das Startzeichen für die „Reichskristallnacht": Überall im Reich gingen in dieser Nacht die Synagogen in Flammen auf, jüdische Friedhöfe wurden verwüstet, jüdische Geschäfte und Wohnungen zerstört und geplündert. Wo immer man nachts auf völlig verschreckte Juden traf, wurden sie verhöhnt und misshandelt. Etwa zwanzigtausend kamen in die Konzentrationslager. Es war ein sehr kleiner Teil des deutschen Volkes, der sich an diesen Ausschreitungen beteiligte, aber die Mehrheit nahm das Geschehen achselzuckend hin. Nur wenige halfen ihren jüdischen Mitbürgern tatkräftig.

„Reichskristallnacht" war eine beschönigende Bezeichnung der Nazipropaganda für dieses Pogrom. Der Name bezieht sich darauf, dass in dieser Nacht sehr viele Glasscheiben zertrümmert wurden.

Als das Ausland sich entrüstete, behauptete Goebbels, es handele sich um einen Ausbruch der „Volkswut". Doch Grynszpans Anschlag diente den Nationalsozialisten nur als Vorwand für eine breit angelegte Aktion gegen die Juden, die in der Presse als spontane Vergeltungsaktion des deutschen Volkes dargestellt wurde.

Dieser Novemberpogrom war jedoch schon von langer Hand geplant gewesen, der Mord an vom Rath bot nun einen willkommenen Anlass, ihn durchzuführen. Schon wenige Tage nach dem Attentat traten viele neue Verordnungen in Kraft, was zeigt, dass es sich nicht um eine spontane Vergeltungsaktion gehandelt haben kann. Das nationalsozialistische Regime begann nun lediglich einen

Plan umzusetzen, den es schon lange vorher beschlossen hatte: die völlige Verdrängung der Juden aus der deutschen Wirtschaft.

War die „Reichskristallnacht" harmlos?

Nach der „Reichskristallnacht" am 9. November 1938 wurden die Juden endgültig aus dem Wirtschaftsleben ausgeschaltet, nachdem man schon vorher die meisten ihrer Geschäfte „arisiert" hatte (vgl.: Juden im Dritten Reich – Weshalb waren einige Deutsche gegen die „Arisierung" jüdischer Geschäfte?). Dieser Zwangsverkauf machte manche Nationalsozialisten reich, die als Käufer auftraten.

Die „Arisierungen" hatten schon Monate vorher begonnen: Am 1. Januar 1938 wurde Juden im Dritten Reich die Führung von Einzelhandelsunternehmen, Handwerksbetrieben und das Angebot von Dienstleistungen untersagt. Schon im Herbst 1938 waren 80 Prozent der jüdischen Einzelhandelsbetriebe „arisiert". Inhaber größerer Industrie- und Speditionsbetriebe wurden bereits 1934/35 durch massive Gewalt zum Verkauf gezwungen. Wollten sie daraufhin mit ihrer Familie auswandern, durften sie nur 10 Prozent des Verkaufserlöses ins Ausland mitnehmen.

Während der „Reichskristallnacht" wurden 91 Juden ermordet, 30.000 jüdische Bürger in Konzentrationslager eingeliefert, 267 Synagogen in Brand gesteckt, 7.500 Geschäfte geplündert, 177 Wohnhäuser zerstört und ungezählte Wohnungen verwüstet.

Viele Verordnungen, die schon wenige Tage danach in Kraft traten, sorgten für den gewünschten finanziellen und wirtschaftlichen Druck auf die Juden: Die Kollektivstrafe für den „feigen Mord" betrug eine Milliarde Reichsmark als „Sühneleistung" (vgl: Juden im Dritten Reich – Hat der Mordanschlag auf den Diplomaten Ernst vom Rath die „Reichskristallnacht" verursacht?). Die Kosten für die entstandenen Schäden mussten die Juden selbst tragen. Versicherungsleistungen, die ihnen zustanden, wurden nicht ausgezahlt und zugunsten des Reiches eingezogen. Fast alle Erwerbsmöglichkeiten wurden ihnen verboten. Leitende Angestellte konnten jetzt ohne Versorgungs- und Abfindungsansprüche entlassen werden. Der „Reichskristallnacht" folgte eine völlige Enteignung und Entrechtung der deutschen Juden.

Um sie endgültig aus der Wirtschaft zu entfernen, wurde die „Zwangsarisierung" aller Geschäfte angeordnet. Die Juden mussten Bargeld, Wertpapiere, Gold, Edelsteine, Schmuck und Kunstgegenstände verkaufen, das Geld auf Sperrkonten deponieren und konnten nur noch mit Genehmigung der Behörden darüber verfügen.

Außer den wirtschaftlichen und finanziellen hatte die „Reichskristallnacht" auch noch andere Konsequenzen für die Juden. Während man sie ausplünderte, wurde durch zahlreiche Maßnahmen ihre gesellschaftliche Isolierung vorangetrieben: Sie verloren den Mieterschutz, man entzog ihnen die Fahrerlaubnis und die Fahrzeugpapiere, der Besuch von kulturellen Veranstaltungen wie Theater, Kinos, Konzerten und Ausstellungen wurde ihnen verboten, öffentliche Plätze wie Strand- und Schwimmbäder durften sie nicht mehr betreten und jüdische Kinder wurden von öffentlichen Schulen ausgeschlossen.

Bei Kriegsbeginn am 1. September 1939 waren jüdische Bürger von allen sozialen, öffentlichen und kulturellen Bereichen des Lebens endgültig ausgeschlossen. Die von den Nationalsozialisten angestrebte Trennung von Juden und Nichtjuden war vollzogen. Jetzt erst setzte eine Massenflucht ein. Etwa 150.000 deutsche Juden haben nach 1938/39 das Reich verlassen. Die Zurückgebliebenen gingen einem furchtbaren Schicksal entgegen.

Waren die Berichte der ausländischen Presse über Deutschland „Gräuelpropaganda" von im Ausland lebenden Juden?

Nein, die ausländische Presse, soweit sie kritisch über die antisemitischen Ausschreitungen in Deutschland berichtete, wurde nicht von Juden im Ausland beeinflusst, sondern bewies lediglich Zivilcourage.

Obwohl die Nationalsozialisten die internationalen Medien, die gegen Hitler waren, mit Repressalien gegen die deutschen Juden unter Druck setzten, ließen sich diese nicht einschüchtern und berichteten weiter in schonungsloser Offenheit über die Vorgänge in Deutschland.

Mussten die Nationalsozialisten mit Reaktionen des Auslands rechnen?

Nein, auf Reaktionen des Auslands brauchten die Nationalsozialisten wegen ihrer wirtschaftlichen Unabhängigkeit keine Rücksicht zu nehmen. In der Außenpolitik hatte Adolf Hitler alles erreicht, was mit friedlichen Mitteln möglich war. So konnten die Nazis ungestört darangehen, die Juden aus der deutschen Wirtschaft zu vertreiben. Nebenbei wurde die Reichspogromnacht zu einem lohnenden Geschäft für das Reich.

Warum sind nicht alle Juden ins Ausland geflüchtet?

Die vielen Gesetze und Verordnungen nach der „Reichskristallnacht" waren für die Juden nicht nur diskriminierend, sondern bedrohten ihre gesamte Existenz und drängten sie zur Massenflucht (vgl.: Juden im Dritten Reich – War die „Reichskristallnacht" harmlos?). Doch trotz ihrer aussichtslosen Lage im Dritten Reich konnten nicht alle Juden auswandern. Dies hatte vier Gründe:

Erstens hatten viele Juden die Gefahr zunächst völlig unterschätzt, die ihnen vom Hitlerregime drohte (vgl.: Juden im Dritten Reich – Haben die Juden gewusst, was sie erwartet?).

Zweitens hatten ältere Menschen oft nicht mehr die Kraft, eine neue Existenz im Ausland aufzubauen, einen neuen Beruf und eine fremde Sprache zu lernen. So fiel es manchen schwer, sich für die Flucht zu entscheiden: Obwohl sie für eine Auswanderung schon alles vorbereitet, ihren Hausrat verpackt und versandt hatten, nahmen sich viele aus Verzweiflung das Leben.

Der dritte Grund war, dass es für Juden sehr schwierig war, in anderen Ländern Aufnahme zu finden. Es gab nur wenige Ausnahmen, etwa den Diktator Trujillo in der Dominikanischen Republik. Spaniens Diktator Franco ließ alle Juden, die nachwiesen, dass sie sephardischer (spaniolischer) Abstammung waren, einen Pass ausstellen mit allen staatsbürgerlichen Rechten. Sie durften allerdings in Spanien keine jüdischen Gemeinden gründen, da nur der Katholizismus dort als Religion anerkannt war. Auch die Türkei erwies sich als großzügig gegenüber Juden aus dem früheren Osmanischen

Reich. Eine Zeit lang konnten Juden in begrenzter Zahl nach Shanghai einwandern, und Großbritannien nahm jüdische Kinder ohne deren Eltern auf, verhinderte aber gleichzeitig, dass Juden in das damalige britische Mandatsgebiet Palästina einwanderten.

Der vierte Grund war folgender: Nur anfangs ließ das Dritte Reich die Juden unbehelligt auswandern, *nachdem* es sie ausgeplündert hatte. Als sich die Kriegslage verschlechterte, wurden die Deportationen und die Massenmorde an den Juden intensiviert. Zu diesem Zeitpunkt war eine Flucht praktisch nicht mehr möglich.

Gab es im Dritten Reich wieder Ghettos?

Ja, zur Zeit des Holocausts erlebte das Ghetto eine traurige Renaissance: Nach dem Einmarsch in Polen trieben die deutschen Besatzer die jüdischen Bürger in einzelnen Stadtvierteln der Großstädte und in Dörfern zusammen.

Im Warschauer Ghetto lebten etwa vierhunderttausend Juden. Sie mussten, wie einst im Mittelalter, Erkennungszeichen an ihrer Kleidung tragen, diesmal gelbe Armbinden mit dem Davidstern. Viele starben an Hunger oder Krankheiten, die Übrigen mussten Zwangsarbeit verrichten. Diese Ghettos des NS-Regimes dienten als Durchgangsstation für den Transport in die Konzentrationslager.

Hat es die Konzentrationslager (KZ) wirklich gegeben?

Immer wieder wird versucht, Verbrechen der Nationalsozialisten gegen die Juden zu verharmlosen oder sogar zu leugnen. Die Gaskammern und Krematorien in den KZs seien eine „Gräuelerfindung" der Amerikaner, Vergasungen hätten nicht stattgefunden und der Vorwurf sei von den Juden nur erhoben, um den Deutschen Schuldgefühle aufzuladen und von der Bundesrepublik Deutschland Entschädigungszahlungen zu kassieren. Weil solche Behauptungen nicht nur böswillige Lügen sind, sondern die Überlebenden der KZs auch noch verhöhnen, ist die so genannte *Auschwitzlüge* ins deutsche Strafgesetzbuch aufgenommen worden.

Es gab Konzentrationslager in ...

... Polen: Auschwitz-Birkenau, Belzec, Kulmhof / Chelmno, Sobibor, Treblinka, Majdanek und Stutthof bei Danzig.

... Deutschland: Buchenwald (Thüringen), Moringen, Ravensbrück und Dachau bei München. Den Hauptverwaltungen unterstand außerdem ein Netz von Außenstellen. So gab es zum Beispiel in Bayern mehrere Nebenstellen des KZ Dachau, die die SS als Arbeitslager betrieb: Landsberg, Cham und Schweinfurt.

... Österreich: Mauthausen und das Zigeunerlager Lackenbach (Burgenland).

... Tschechoslowakei: Theresienstadt (Nordböhmen).

... Kroatien: Jasenovac.

... Frankreich: Drancy und Natzweiler / Struthof (Elsass).

Noch heute gibt es Teile der Anlagen, die zu besichtigen sind und somit das Leugnen der Konzentrationslager als Bosheit entlarven.

Verfügte der berühmte „Nazijäger" Simon Wiesenthal über ein internationales Agentennetz?

Simon Wiesenthal, Überlebender von zwölf Konzentrationslagern und Leiter des *Jüdischen Dokumentationszentrums* in Wien, suchte nach dem Zweiten Weltkrieg nach ehemaligen Nazigrößen und war dabei sehr erfolgreich. So wurde unter seiner Mitwirkung Adolf Eichmann in Buenos Aires 1960 verhaftet.

Auch andere KZ-Aufseher und NS-Verbrecher spürte Wiesenthal in Südamerika, Kanada und den USA auf. Dies brachte seinem Dokumentationszentrum den Ruf ein, eine „Nachrichtenzentrale mit angeschlossenem Agentennetz" zu sein. In vielen Köpfen spukte das Bild einer allmächtigen Organisation, die, unterstützt von einem großen Geheimarchiv, an jedem Punkt der Erde zuschlagen könne. Wiesenthal, der „Rächer der Juden", schien allwissend und allgegenwärtig.

In Wahrheit war Wiesenthals Arbeit viel unspektakulärer. Sie glich der eines passionierten Sammlers. In mühevoller Schreibtischarbeit trug Wiesenthal viele Informationen geduldig zusammen. Dabei handelte es sich überwiegend um die Erlebnisse ehemaliger

Lagerinsassen über ihre Folterer, mündlich überliefert oder schriftlich protokolliert. Den darin enthaltenen Hinweisen ging der „Nazijäger" Wiesenthal nach.

Nicht der „weltweiten Macht der Juden" verdankte Wiesenthal seine Erfolge, sondern seinem photographischen Gedächtnis und der kriminalistischen Kombinationsgabe, mit der er die verschiedenen Zeugenaussagen zu einem Puzzle zusammensetzte. Durch das Auswerten unzähliger Briefe entstand eine einzigartige Sammlung, ein Archiv von Schauplätzen, Ereignissen und Namen.

Hatten sich dank dieser Sisyphusarbeit Namen und Spuren ehemaliger Täter herauskristalliert, begann für Wiesenthal erneut eine Odyssee: die nervenaufreibende Auseinandersetzung mit Behörden und Dienststellen im In- und Ausland. Diese galt es nun zu überzeugen, dass fundierte Hinweise auf ehemalige Kriegsverbrecher vorlagen. Erst dann konnte er für deren Verhaftung und Auslieferung sorgen.

Kein internationales Agentennetz also, sondern viel Detailarbeit, Geduld und Glück waren ausschlaggebend für den Erfolg. Wenn es jemals eine Art „Netz" gegeben haben sollte, dann bestand es aus den Opfern und Gegnern des NS-Regimes in der ganzen Welt. Aus Israel und Südamerika, aus West- und Osteuropa versorgten diese „Agenten" den Sammler Wiesenthal mit einer Informationsflut über ihre ehemaligen Peiniger, indem sie ihm Briefe in sein *Jüdisches Dokumentationszentrum* nach Wien schrieben.

Juden und die Bundesrepublik

Weshalb blieben nach dem Zweiten Weltkrieg noch Juden in Deutschland?

Viele ältere Überlebende der Konzentrationslager waren schwerkrank und besaßen nicht mehr die Kraft, im Ausland neu anzufangen. Einige jüngere sahen Chancen im wirtschaftlichen Neubeginn der Nachkriegszeit. Muttersprache und Kultur vieler Juden waren deutsch und Deutschland war ihre Heimat, die sie nicht verlassen wollten. Auch hatten manche Juden den Holocaust im Untergrund mit Hilfe deutscher Mitbürger überlebt und den Glauben an die Deutschen nicht verloren. Andere kamen nach dem Krieg, um ihre noch lebenden Verwandten zu besuchen und blieben mangels anderer Perspektiven in Deutschland.

Haben die Juden nach dem Krieg den Schwarzmarkt organisiert?

Wie nach jedem Krieg blühte auch in Deutschland der Schwarzhandel. Etwa 200.000 jüdische Flüchtlinge, die meisten stammten aus Osteuropa, wurden aus den Konzentrationslagern befreit und in so genannte DP-Lager (DP = *displaced person;* Sammelstätten für heimatlose Personen) in Westdeutschland untergebracht. Die Insassen erhielten Güter von jüdischen Hilfsorganisationen aus England und den USA; von amerikanischen Soldaten bezogen sie Kaffee und Zigaretten. In den DP-Lagern gab es Lebensmittel, Zigaretten und Männer im Überfluss, außerhalb war die Lage genau umgekehrt. Folglich waren die DP-Lager nicht nur Unterkunft für die Flüchtlinge, sondern zugleich Zentren des Schwarzmarktes. Die DP-Insassen verkauften die Waren etwa zur Hälfte des offiziellen Preises an die hungernden Deutschen.

Es waren nicht nur Juden, die auf dem Schwarzmarkt handelten, aber sie waren als Insassen der DP-Lager leichter auszumachen als nichtjüdische Schieber.

Für viele war der Schwarzmarkt eine wichtige Einrichtung, denn er regelte den Warenmangel in der Nachkriegszeit, versorgte die Deutschen mit lebensnotwendigen Gütern und sicherte vielen das Überleben.

Leben heute in der Bundesrepublik noch viele Juden?

Im Jahr 1933 wohnten in Deutschland etwa 570.000 Juden, von denen nur 15.000 den Holocaust überlebten. Bereits 1960 gab es unter den 50 Millionen Deutschen wieder 30.000 Juden. Heute leben in der Bundesrepublik etwa 100.000 Juden. Bezogen auf die Einwohnerzahl von 80 Millionen Deutschen macht dies etwa 0,1 Prozent aus, eine verschwindend geringe Zahl.

Spielen die Juden heute wirtschaftlich noch eine Rolle?

Nein, es gibt nur noch wenige alte jüdische Familien, wie die Bankiersfamilie Warburg in Hamburg. Diese zählte vor dem Zweiten Weltkrieg sogar zur Aristokratie. Im Nationalsozialismus musste die Familie Warburg ihren Betrieb „Ariern" überlassen, die zuvor in ihrer Firma leitende Angestellte gewesen waren und die Geschäfte nun auf eigenen Namen weiterführten.

Es gibt zwar wieder einige wohlhabende Juden in Deutschland, aber keine mehr aus der alten Oberschicht, die fast völlig ausgerottet wurde. Nachdem Ende 1956 die letzten DP-Lager aufgelöst worden waren, wanderten die meisten Juden, unterstützt von jüdischen Hilfsorganisationen, nach Amerika, Kanada und Palästina aus.

Nur wenige blieben als bescheidene Rentenempfänger in Deutschland. Wirtschaftlich sind die Juden heute in der Bundesrepublik nicht mehr von Bedeutung, obwohl einige wenige sehr erfolgreich sind. Die prominentesten unter ihnen sind die Frankfurter Immobilienspekulanten.

Weshalb warf man den jüdischen Immobilienhändlern in Frankfurt Stadtzerstörung vor?

Im Jahr 1964, mitten im deutschen Wirtschaftswunder, gab es in Frankfurt zu wenig Büroraum, denn trotz Bebauungsplan fand man keine bauwilligen Investoren. Große Teile des Frankfurter Westend, eigentlich ein Wohnviertel, wurden bereits als Büroraum zweckentfremdet.

Bis zum Zweiten Weltkrieg hatten viele der Häuser im Westend Juden gehört, die entweder im Holocaust ermordet worden oder nach Amerika ausgewandert waren. Die jetzigen Bewohner des Westend waren dort kaum verwurzelt und befürchteten zudem, die Auswanderer könnten eines Tages ihr Eigentum wieder beanspruchen. Sie waren daher bereit, ihre Grundstücke zu verkaufen, als die Stadt Frankfurt das Westend als Erweiterungsgebiet auswies, und die Banken, unterstützt von der Stadt, eifrig nach Investoren suchten. Die neuen Bauherren des Frankfurter Westend waren wieder Juden. Manchem jüdischen Geschäftsmann, der einen Kredit beantragte zur Renovierung seines Hauses im Westend, schlug seine Bank großzügig vor, doch gleich den ganzen Häuserblock zu renovieren – der Einstieg in die Immobilienspekulation!

Diese Spekulation ist sehr riskant: Der Bauherr leiht sich Geld von der Bank und investiert in ein Grundstück, das im Wert steigen soll, nachdem er ein höheres Gebäude darauf errichtet hat. Mit größerer Anzahl der Stockwerke nimmt die vermietbare Fläche zu, und damit erhöht sich auch der Wert der Immobilie. Doch birgt dieses Konzept auch extreme Risiken und kann bei fallenden Immobilienpreisen schnell fehlschlagen. Beurteilt nämlich die Bank die Marktlage für Gewerbeimmobilien schlecht, wird sie dem Bauherr keinen weiteren Kredit mehr geben für den Bau eines Gebäudes, selbst wenn sie ihm das Grundstück schon finanziert hat. Der Immobilienspekulant bleibt dann auf dem Grundstück sitzen, für das er sich verschuldet hat, und muss weiterhin die Zinsen zahlen. Wenn er dazu nicht mehr in der Lage ist, zieht die Bank das beliehene Grundstück ein.

Wegen dieser Risiken suchte die Stadt Frankfurt anfangs vergeblich nach Investoren, die den dringend benötigten Büroraum errichten sollten. Man erteilte den Bauherren sogar Ausnahmege-

nehmigungen, damit sie nicht mehr auf eine maximale Stockwerkzahl begrenzt waren, denn: Mit steigendem Gewinn der Immobilienhändler stiegen auch die Steuereinnahmen für die Stadt.

Bald war allen Interessen gedient: Die Politiker konnten das wirtschaftliche Problem lösen, die Stadt verbuchte höhere Steuereinnahmen, die Banken kassierten saftige Zinsen und die Immobilienspekulanten enorme Gewinne. Alle waren aufeinander angewiesen und hofierten sich gegenseitig, und die Stadt wuchs immer mehr. Man könnte behaupten, Frankfurt sei nach dem Krieg von den Juden aufgebaut worden.

Dieser Aufbau hielt sich in den 1960er Jahren noch einigermaßen in Grenzen. Doch dann geriet das Modernisierungkonzept der Stadt Frankfurt ins Stocken. In den 1970er Jahren wandte sich die öffentliche Meinung gegen die neuen Bauvorhaben – sie seien zu ambitioniert. Zwar waren die Immobilienhändler, die die historischen Gründerzeitvillen im Frankfurter Westend rigoros abrissen, finanziell dazu gezwungen, weil sie der Bank die Zinsen schuldeten. Auch gehörten die Stadtviertel, die sie zerstörten, ihnen selbst, doch stieß dieses Vorgehen bei vielen auf Unverständnis und erregte Aggressionen. Hausbesetzer lieferten sich Straßenschlachten mit der Polizei. Die Spekulanten jedoch konnte der öffentliche Gegenwind wenig beeindrucken, sie setzten ihre Bauprojekte unverändert fort, obwohl sie mittlerweile keinen Gewerbeflächenbedarf mehr geltend machen konnten. Einige stellten dabei ihre Geschäftsinteressen ungeniert zur Schau.

Zur selben Zeit „entdeckte" man in Frankfurt eine unassimilierte Volksgruppe, die die neuen Bauten maßgeblich vorangetrieben hatte; eine Gruppe, die für die Stadtzerstörung verantwortlich gemacht werden konnte; Menschen „ohne jede Bindung an deutschen Grund und Boden". Die Presse erwähnte sie meist als Mitglieder der jüdischen Gemeinde oder schrieb über einen Immobilienhändler, dass dessen Tochter Sarah hieß (vgl.: Allgemeines – Tragen nur jüdische Frauen den Namen Sarah?). Bald wurde das Wort *Immobilienspekulant* zum Synonym für *Jude*. Obwohl nur etwa ein Dutzend Juden zu den großen Immobilienspekulanten zählten, kamen wieder die alten Klischees auf: die Juden als Symbol eines negativ empfundenen Fortschritts, gestützt auf Macht und Geld. So musste wieder das

antisemitische Klischee des raffgierigen Juden herhalten für den Roman *Die Erde ist unbewohnbar wie der Mond* von Gerhard Zwerenz. Darin tritt ein Jude mit „typisch gekrümmter Nase" als skrupelloser Bauherr auf.

Nüchtern betrachtet übernahmen die jüdischen Immobilienhändler in Frankfurt nur wieder die klassische Vermittlerrolle, wie ihre Vorgänger, die Geldverleiher im Mittelalter (vgl.: Juden im Mittelalter – Weshalb wurden die „Wuchergeschäfte" von den Fürsten geduldet?). Die Stadt Frankfurt und die Banken profitierten davon, dass die Juden bereit waren, die Schmutzarbeit zu erledigen, einen schlechten Ruf in Kauf und das finanzielle Risiko auf sich zu nehmen.

Müssen Juden in Deutschland keine Steuern zahlen?

Auch so ein Ammenmärchen, das besonders bei älteren Bürgern in der Bundesrepublik kursiert: Juden, die in Deutschland Einkommen erzielen, zum Beispiel Einnahmen aus einem Gewerbebetrieb, bräuchten auf diese entweder überhaupt keine oder nur eine sehr geringe Einkommenssteuer zu zahlen. Manche meinen sogar, jüdische Unternehmer in Deutschland bräuchten noch nicht einmal Umsatzsteuer zu zahlen. Sie glauben, diese Regel bestünde, um die Juden wegen ihrer Verfolgungen durch die Nazis finanziell zu entschädigen.

Tatsache ist: In §3, Nr. 8 des Einkommensteuergesetzes ist geregelt, dass Geldrenten und Kapitalentschädigungen zur Wiedergutmachung nationalsozialistischen Unrechts von der Steuerpflicht befreit sind.

Das ist auch logisch, denn: Wem sein Unternehmen oder sein Vermögen in der NS-Zeit konfisziert wurde, und wer deshalb von der Bundesrepublik Deutschland entschädigt wird, dem kann der deutsche Staat ja wohl schlecht wieder einen Teil davon abnehmen. Es handelt sich also nicht um eine Steuerbefreiung an sich, sondern um die Wiedergutmachung eines Schadens. Aber selbstverständlich sind Juden, die in Deutschland Erwerbseinkommen erzielen, nicht von der Steuer als solcher befreit.

Sie unterliegen ganz normal den deutschen Steuergesetzen. Es

kann also überhaupt nicht die Rede davon sein, dass jüdische Geschäftsleute sich am deutschen Staat bereichern könnten, obwohl sie selbst von der Nazizeit gar nicht betroffen waren.

Juden und Israel

Sind Juden, die nicht in Israel geboren werden, israelische Staatsbürger?

Nein, sie besitzen normalerweise die Staatsangehörigkeit ihres jeweiligen Landes. Sie sind also Deutsche, Franzosen oder Amerikaner jüdischen Glaubens oder jüdischer Abstammung.

Können Juden aus anderen Ländern jederzeit nach Israel einwandern?

Ja, nach israelischem Recht darf jeder Jude in der Welt jederzeit nach Israel einwandern und sich dort als Staatsbürger registrieren lassen.

Das säkulare Rückkehrgesetz definiert den Begriff *Jude* freier als das strenge orthodoxe Judentum. Als Jude wird anerkannt, wer mindestens einen jüdischen Großelternteil hat. Diese großzügige Auslegung des Rückkehrgesetzes sollte den Holocaust-Überlebenden, die erst durch Hitlers Rassengesetze zu Juden geworden waren, die Einwanderung nach Israel ermöglichen. Etwa eine Million Menschen, die seit 1989 aus der ehemaligen Sowjetunion nach Israel einreisten, profitierten ebenfalls von dieser Regel.

Sie zählten zwar größtenteils nach sowjetischem Gesetz zu den Juden, nicht aber nach jüdisch-religiösem.

Die Idee des Zionismus ist es aber gerade, dass Israel seit seiner Gründung im Jahr 1948 zum Zufluchtsort für alle Juden auf der Welt wird, ganz gleich ob sie als Verfolgte nach Israel kommen oder aus anderen Gründen in dem Land leben wollen. Die Einwanderungsbehörden nehmen alle Juden auf, ohne Rücksicht auf politische Ansichten, Ausbildung und Vermögensverhältnisse. Vom Analphabeten aus Nordafrika bis zum Akademiker aus Westeuropa oder den USA sind alle Bildungsstufen vertreten. Nach Israel kommen Einwanderer aus der Europäischen Union, aus Russland, Libyen, Äthiopien, dem Jemen und China. In letzter Zeit sind auch viele Juden aus dem

Irak, dem Iran und den neuen russischen Republiken wie Armenien nach Israel eingewandert. Besonders in Krisen- und Kriegszeiten, wie dem Irak-Konflikt, gibt es regelrechte Einwanderungswellen.

Juden auf der ganzen Welt können also wählen, ob sie in ihrem Geburtsland bleiben wollen. Falls nicht, wissen sie, dass es noch ein zweites Land gibt, auf das sie jederzeit „zurückgreifen" können. Nur der Nachweis krimineller Taten steht einer israelischen Einbürgerung im Wege.

Wird der Staat Israel aus dem Ausland finanziert?

Ja, Israel ist der einzige Staat, der seine größten Einnahmen aus dem Ausland bezieht. Viele Juden in der Diaspora, der Zerstreuung der Juden auf der ganzen Welt, unterhalten zu Israel, ihrem letzten Zufluchtsort, eine sehr enge Beziehung und sind durch finanzielle Spenden mit dem Staat verbunden. Die größten Summen stammen von amerikanischen Juden.

Zahlt Deutschland noch immer an Israel?

Nein, inzwischen nicht mehr. Am 10. September 1952 unterzeichneten der damalige Bundeskanzler Konrad Adenauer und der israelische Außenminister Moshe Scharett das *Luxemburger Abkommen*. Darin entschädigte die Bundesrepublik Deutschland den Staat Israel mit drei Milliarden D-Mark für die Eingliederung von 500.000 jüdischen Flüchtlingen und „Displaced Persons" sowie für Vermögensverluste von Juden in den von Nazi-Deutschland besetzten Gebieten. Die Zahlungen erfolgten verteilt über zwölf Jahre, hauptsächlich durch Lieferungen von deutschen Industrieerzeugnissen.

Verzeichnis aller Fragen

Allgemeines

13 Warum tragen viele Juden so fantasievolle Namen? Handelt es sich dabei um Pseudonyme?
16 Wurden nur die Nachnamen verändert?
16 Machte es den Juden nichts aus, ihre Namen zu wechseln?
17 Tragen nur jüdische Frauen den Namen Sarah?
17 In manchen Ortsnamen ist noch heute das Wort Jude enthalten. Wohnten in diesen Dörfern nur Juden?
17 Erkennt man den jüdischen Geschäftsmann an seiner „Wohlstandszigarre"?
18 Kann man Juden an ihrem Äußeren erkennen?
19 Werden Juden besonders alt?
19 Sind Juden intelligenter als Nichtjuden?
21 Aber viele Juden sind doch auch in nicht-akademischen Berufen erfolgreich?
21 Weshalb leben die meisten Juden in Großstädten?
22 Sind Juden Nomaden?
23 Brachte diese Wanderschaft denn nicht auch Vorteile?
24 Verkehren Juden nur untereinander?
25 Reden Juden wirklich so viel mit den Händen?
26 Woher stammt der Ausdruck „jüdische Hast"?
26 Sind Juden devot?
26 Sind Juden würdelos?
27 Sind Juden schmutzig?
27 Neigen Juden zur Kuppelei?
28 Dürfen jüdische Männer mehrere Ehefrauen haben?
28 Sind jüdische Männer „Wüstlinge"?
29 Sind Juden degeneriert?
29 Weshalb mieden die Juden nichtjüdische Gerichte?
30 Verspotten sich die Juden selbst in ihren jüdischen Witzen?

Juden und Religion

31 Haben die Juden Jesus gekreuzigt?
33 Wie entstand der kirchliche Antijudaismus?
34 Sind die Juden das auserwählte Volk?
34 Ist Jahwe der Gott der Juden?
35 Ist der jüdische Gott rachsüchtig und grausam?
36 Begingen die Juden aus religiösen Gründen Ritualmorde?
38 Ist das rituelle Schlachten von Tieren ein Beweis für die Grausamkeit der Juden?
38 Töten die Juden ihre Sterbenden?
39 Wer ist Jude?
39 Gibt es Halbjuden und Vierteljuden?
40 Warum dürfen Juden kein Schweinefleisch essen?
40 Weshalb befolgen Juden so merkwürdige Speisevorschriften?
40 Besteht Mazze, das Brot der Juden, aus Blut?
41 Sind alle Juden beschnitten?
41 Woher stammt der Ausdruck „lärmende Judenschule"?
42 Ist der Talmud die „jüdische Bibel"?
43 Unterdrücken die Juden nach der Talmudlehre ihre Frauen?
43 Enthält der Talmud Aufforderungen zu Straftaten?
44 Wurde der Talmud absichtlich falsch ausgelegt?
45 Ist der Eid eines Juden wertlos?
45 Kann man mit Hilfe des Talmud alles beweisen, was man will?

Juden und Kultur

47 Sind die Juden eine Rasse?
48 Weshalb gibt es so viele jüdische Wissenschaftler?
48 Weshalb gibt es so viele jüdische Ärzte?
50 Weshalb gibt es so viele jüdische Professoren?
50 Weshalb gibt es so viele jüdische Psychiater?
50 Weshalb gibt es so viele jüdische Journalisten?
52 Weshalb gibt es so viele jüdische Schachspieler?
52 Weshalb gibt es so viele jüdische Geiger?
53 Haben die Juden das Kulturleben im 19. und beginnenden 20. Jahrhundert beherrscht?
53 Sind Juden zu Kunst nicht in der Lage?

53 Ist Jiddisch eine Gaunersprache?
54 Weshalb enthält die Gaunersprache *Rotwelsch* viele jiddische Ausdrücke?

Juden im Mittelalter

57 Weshalb sonderten sich die Juden von den Christen ab?
58 Wohnten in den Judengassen nur Juden?
58 Mussten alle Juden einer Stadt in diesen Gassen wohnen?
58 Weshalb entstanden die Ghettos?
59 Mussten alle Juden im Ghetto wohnen?
59 Sind Juden unehrlich?
60 Weshalb sind so viele Juden im Handel tätig?
61 Waren die Juden schon immer ein Händlervolk?
62 Wie kamen die Juden zum Geldgeschäft?
63 Sind Juden „Wucherer"?
64 Sind Juden hartherzig und skrupellos?
65 Weshalb liehen sich die Bürger bei den Juden immer wieder Geld?
65 Weshalb wurden die „Wuchergeschäfte" von den Fürsten geduldet?
66 Wie war die Reaktion der Bürger auf diese Situation?
66 Wie kamen die Juden in den Besitz von Kirchenschätzen?
67 Woher hatte die Juden das Geld, das sie verliehen?
67 Weshalb waren sogar Rabbiner im Geldgeschäft?
68 Wie kamen die Juden zum Pfandleih- und Trödelgeschäft?
68 Weshalb waren sogar jüdische Ärzte im Pfandleihgeschäft?
68 Weshalb waren die Juden im Handel und im Geldgeschäft so erfolgreich?
69 Sind Juden „Blutsauger"?
70 Sind Juden Hehler?
71 Welches waren die wahren Gründe der mittelalterlichen Judenverfolgungen?
72 Waren die Juden an ihrem schlechten Ruf selbst schuld?
73 Sind Juden Straftäter?
74 Haben die Juden die Pestepidemien verursacht?
75 Waren die Fugger Juden?
75 Sind Juden Münzfälscher?
76 Standen die Juden unter dem Schutz der Landesfürsten?

77 Wie entstand das Hofjudentum?
79 Hatten die Hofjuden nur Vorteile?
80 War Jud Süß ein Ausbeuter?

Juden und Geld
83 Sind alle Juden reich?
83 Sind alle Juden geldgierig?
85 Haben Juden einen angeborenen Geschäftssinn?
85 Weshalb sind viele Juden im Geschäftsleben so erfolgreich?
86 Gehören den Juden alle Banken?
87 Spielen die Rothschilds heute in der Finanzwelt noch eine Rolle?
87 Gibt es „jüdisches Kapital"?
88 Gibt es eine „internationale jüdische Hochfinanz"?

Juden und Wirtschaft
89 Haben Juden eine Abneigung gegen körperliche Arbeit?
89 Weshalb wurden so viele Juden Geschäftsinhaber?
90 Weshalb waren die Juden in der Wirtschaft so erfolgreich?
90 Weshalb bevorzugten die Juden mobile Werte?
91 Weshalb ergriffen Juden immer wieder bestimmte Berufe?
92 Weshalb gab es so viele jüdische Rechtsanwälte?
92 Weshalb sind so viele Juden im Diamantenhandel?
93 Weshalb gab es so viele jüdische Juweliere?
93 Weshalb waren so viele Juden in der Tabakbranche?
94 Weshalb waren so viele Juden im Textilhandel?
94 Haben die Juden die Textilbranche beherrscht?
95 Wie ist dann das Klischee von der jüdischen Dominanz überhaupt entstanden?
95 Weshalb sind so viele Juden in der Gastronomie?
96 Gibt es noch weitere „typisch jüdische" Branchen?
97 Liefen die Juden den Kunden nach?
97 Bedrängten die Juden Kunden auf der Straße?
98 Führten die Juden Scheinfirmen?
98 Wendeten die Juden unmoralische Geschäftspraktiken an?
101 Waren die Juden Preisschleuderer?
102 Waren die Juden Ausbeuter?

103 Weshalb waren unter den Fabrikanten viele Juden?
104 Waren die Juden schuld am Niedergang des Mittelstandes?
105 Brachten die Juden besonders gute Voraussetzungen mit für den Kapitalismus?
106 Waren die Juden Inflationsspekulanten?
108 Waren die Juden schuld an der Großen Depression in Amerika?
108 Haben Juden nach dem Zweiten Weltkrieg die amerikanische Wirtschaft beherrscht?
109 Waren die Juden schuld an der Ölkrise von 1973?

Juden und Warenhäuser
111 Sind die Warenhäuser eine „jüdische Erfindung"?
111 Weshalb gab es unter den Warenhausbesitzern so viele Juden?
112 Weshalb begeisterten sich die Juden für diese neue Geschäftsform?
113 Brachten die Juden besonders gute Voraussetzungen mit für diese Geschäftsform?
114 Wurden alle Warenhäuser von Juden gegründet?
114 Weshalb waren die Warenhausfirmen so stark miteinander verflochten?
115 Weshalb waren die Warenhäuser so erfolgreich?
117 Gab es noch weitere Gründe für den Erfolg?
119 Haben die Warenhausunternehmer unseriöse Methoden angewandt?
120 Haben die Warenhäuser beim Verkauf ihrer Waren schmutzige Tricks angewandt?
122 Haben die Warenhäuser ihre Waren verramscht?
122 Haben die Warenhäuser minderwertige Ware verkauft?
123 Gab es in den Warenhäusern „Lockabteilungen"?
123 Haben die Warenhausbesitzer ihr Personal ausgebeutet?
125 Haben die Warenhäuser die Landwirtschaft geschädigt?
125 Hatten die Warenhäuser einen schädlichen Einfluss auf Frauen?
126 Haben die Warenhäuser die kleinen Einzelhändler geschädigt?
127 Haben die Warenhäuser den Einzelhandel beherrscht?

Juden und Börse

129 Haben die Juden im 17. und 18. Jahrhundert die Amsterdamer Börse beherrscht?
129 Verfügten die Rothschilds über ein geheimes Nachrichtennetz?
130 Manipulierten die Juden die Börse mit Hilfe der Presse?
131 Sind die Juden schuld am Schwarzen Freitag von 1873?
133 Haben die Juden in den 1920er Jahren die Wallstreet beherrscht?
134 Waren die Juden vom großen Börsencrash 1929 nicht betroffen?
135 Werden die Börsenkurse von einer „jüdischen Hochfinanz" manipuliert?

Juden und Politik

137 Sind Juden Kriegsgewinnler?
137 Sind Juden Verräter und Spione?
139 Hat Hauptmann Dreyfus Hochverrat begangen?
140 Weshalb gibt es so wenige jüdische Adelige?
141 Haben die Juden im griechischen Freiheitskampf die Türken unterstützt?
141 Haben sich die Juden vor dem amerikanischen Bürgerkrieg gedrückt?
142 Sind Juden feige?
143 Haben sich die Juden vor dem Ersten Weltkrieg gedrückt?
144 Sind die Juden schuld an der Niederlage im Ersten Weltkrieg?
144 War Erich Maria Remarque ein Jude?
145 Sind Juden Revolutionäre?
146 Ist Judentum das Gleiche wie Bolschewismus?
148 Sind die Juden ein Tätervolk?
148 Wie entstand das Märchen von der jüdischen Weltverschwörung?
151 Haben die Juden in den 1920er Jahren die amerikanische Gesellschaft beherrscht?
151 Weshalb wurde Juden die Aufnahme an amerikanischen Universitäten verweigert?
152 Haben sich die amerikanischen Juden vor dem Zweiten Weltkrieg gedrückt?
153 Haben sich die amerikanischen Juden nach dem Zweiten Weltkrieg gegen Deutschland verschworen?

153 Haben amerikanische Juden die USA an die Sowjets verraten?
154 Wird die Weltmacht USA von den Juden beherrscht?
155 Sind die Juden schuld an den Attentaten vom 11. September 2001 in New York?

Juden im Dritten Reich

157 Gab es in Deutschland viele Juden?
157 Haben die Juden die Wirtschaft beherrscht?
158 Haben die Juden gewusst, was sie erwartet?
158 Weshalb waren einige Deutsche gegen die „Arisierung" jüdischer Geschäfte?
159 Hat der Mordanschlag auf den Diplomaten Ernst vom Rath die „Reichskristallnacht" verursacht?
160 War die „Reichskristallnacht" harmlos?
161 Waren die Berichte der ausländischen Presse über Deutschland „Gräuelpropaganda" von im Ausland lebenden Juden?
162 Mussten die Nationalsozialisten mit Reaktionen des Auslands rechnen?
162 Warum sind nicht alle Juden ins Ausland geflüchtet?
163 Gab es im Dritten Reich wieder Ghettos?
163 Hat es die Konzentrationslager (KZ) wirklich gegeben?
164 Verfügte der berühmte „Nazijäger" Simon Wiesenthal über ein internationales Agentennetz?

Juden und die Bundesrepublik

167 Weshalb blieben nach dem Zweiten Weltkrieg noch Juden in Deutschland?
167 Haben die Juden nach dem Krieg den Schwarzmarkt organisiert?
168 Leben heute in der Bundesrepublik noch viele Juden?
168 Spielen die Juden heute wirtschaftlich noch eine Rolle?
169 Weshalb warf man den jüdischen Immobilienhändlern in Frankfurt Stadtzerstörung vor?
171 Müssen Juden in Deutschland keine Steuern zahlen?

Juden und Israel

173 Sind Juden, die nicht in Israel geboren werden, israelische Staatsbürger?

173 Können Juden aus anderen Ländern jederzeit nach Israel einwandern?

174 Wird der Staat Israel aus dem Ausland finanziert?

174 Zahlt Deutschland noch immer an Israel?

Literaturverzeichnis

Bücher

Andics, Hellmut: *Der ewige Jude – Ursachen und Geschichte des Antisemitismus,* Verlag Fritz Molden, Wien 1965.

Andics, Hellmut: *Die Juden in Wien,* Verlag Kremayr & Scheriau/Orac, Wien 1988.

Baker, John: *Die Rassen der Menschheit – Merkmale, Unterschiede und ihre Beziehungen zueinander,* DVA, München 1976.

Baumann, Arnulf H.: *Was jeder vom Judentum wissen muß,* Gütersloher Verlaghaus, Gütersloh 1991.

Becker, Jurek / Sperber Manès u. a.: *Mein Judentum,* dtv, München 1988.

Beck'sche Textausgaben: *Aktuelle Steuertexte,* Verlag C. H. Beck, München 2003.

Benz, Wolfgang: *Bilder vom Juden – Studien zum alltäglichen Antisemitismus,* Verlag C. H. Beck, München 2001.

Bettelheim, Bruno: *Themen meines Lebens – Essays über Psychoanalyse, Kindererziehung und das jüdische Schicksal,* DVA, Stuttgart 1990.

Birnbaum, Salomo A.: *Die jiddische Sprache,* Buske Verlag, Hamburg 1986.

Borchart, Joachim: *Der europäische Eisenbahnkönig Bethel Henry Strousberg,* Verlag C. H. Beck, München 1991.

Brakelmann, Günter / Rosowski, Martin: *Von religiöser Judenfeindschaft zur Rassenideologie,* Vandenhoeck & Ruprecht, Göttingen 1989.

Bronner, Eric S.: *Ein Gerücht über die Juden – Die Protokolle der Weisen von Zion und der alltägliche Antisemitismus,* Propyläen Verlag, Berlin 1999.

Bubis, Ignatz / Sichrovsky, Peter: *Damit bin ich längst fertig – Die Autobiographie,* Campus Verlag, Frankfurt/Main 1996.

Bürgerliches Gesetzbuch, DTV Verlag, München 2003.

Calimani, Riccardo: *Die Kaufleute von Venedig – Die Geschichte der Juden in der Löwenrepublik,* Claassen Verlag, Berlin 1988.

Claussen, Detlev: *Vom Judenhaß zum Antisemitismus – Materialien einer verleugneten Geschichte,* Luchterhand Verlag, München 1988.

Colze, Leo: *Berliner Warenhäuser* (Nachdruck der Erstausgabe von 1908), Fannei & Walz Verlag, Berlin 1989.

Corti, Egon Caesar Conte: *Der Aufstieg des Hauses Rothschild 1770 – 1830*, Donauland Verlag, Wien 1953.

Cunow, Heinrich: *Allgemeine Wirtschaftsgeschichte*, 3. Band: Deutschlands, Frankreichs und Englands Wirtschaftsentwicklung vom 12. bis 17. Jahrhundert, J. H. W. Dietz, Berlin 1929.

Gerhard Czermak, Gerhard: *Christen gegen Juden – Geschichte einer Verfolgung*, Eichborn Verlag, Frankfurt / Main 1991

Dietzel, Volker: *Die ganze Welt steht auf der spitzen Zunge – Jüdische Sprichwörter*, Gustav Kiepenheuer Verlag, Berlin 1991.

Domrös Arne / Bartolder Thomas / Voloj Julian: *Judentum und Antijudaismus*, Jüdische Verlagsanstalt, Berlin 2003.

Ehrenberg Prof., Richard: *Das Zeitalter der Fugger – Geldkapital und Creditverehr im 16. Jahrhundert*, Gustav Fischer Verlag, Jena 1896.

Ehrenberg Prof., Richard: *Grosse Vermögen – Ihre Entstehung und Bedeutung* (1. Band) – Die Fugger, Rothschild, Krupp, Gustav Fischer Verlag, Jena 1905.

Feuchtwanger, Lion: *Jud Süss*, Fischer TB Verlag, Frankfurt/Main 1976.

Ford, Henry: *Der internationale Jude*, Hammer Verlag, Leipzig 1939.

Frei, Helmut: *Tempel der Kauflust – Eine Geschichte der Warenhauskultur*, Edition Leipzig 1997.

Freud Sigmund / Gay, Peter: *Freud, Juden und andere Deutsche*, DTV, München 1989.

Fuchs, Konrad: *Ein Konzern aus Sachsen – Das Kaufhaus Schocken als Spiegelbild deutscher Wirtschaft und Politik 1901 – 1953*, DVA, Stuttgart 1990.

50 Jahre Horten 1936 – 1986, Ein Warenhauskonzern auf dem Weg in die Zukunft.

Gilman, Sander L. / Jütte, Robert / Kohlbauer-Fritz, Gabriele: *Der Schejne Jid: Das Bild des jüdischen Körpers in Mythos und Ritual*, Picus Verlag, Wien 2002.

Giordano, Ralph: *Israel, um Himmels willen, Israel*, Kiwi Verlag, Köln 1991.

Giordano, Ralph: *Wenn Hitler den Krieg gewonnen hätte – Die Pläne der Nazis nach dem Endsieg*, Volk und Welt Verlag, München 1990.

Halbrainer, Heimo: *Feindbild Jude – Zur Geschichte des Antisemitismus*, CLIO Verein für Geschichts- und Bildungsarbeit 2003.

Hersh, Seymour M.: *Atommacht Israel – Das geheime Vernichtungspotential im Nahen Osten*, Verlag Droemer Knaur, München 1991.

Hertzberg, Arthur: *Shalom, Amerika! – Die Geschichte der Juden in der neuen Welt*, Jüdischer Verlag, Frankfurt / Main 1996.

Heuberger, Georg: *Die Rothschilds – Beiträge zur Geschichte einer europäischen Familie*, Jan Thorbecke Verlag, Ostfildern 1994.

Hirsch, J.: *Das Warenhaus in Westdeutschland – seine Organisation und Wirkungen*, Leipzig 1910.

Hitler, Adolf: *Mein Kampf*, Franz Eher Verlag, München 1935.

Hödl, Klaus: *Die Pathologisierung des jüdischen Körpers – Antisemitismus, Geschlecht und Medizin im Fin des Siecle*, Picus Verlag, Wien 1997.

Jaecker, Tobias: *Antisemitische Verschwörungstheorien nach dem 11. September – Neue Varianten eines alten Denkmusters*, LIT Verlag, Münster 2004.

Kahle, Brigitte: *Bulle und Bär – Abenteuer Wall Street*, Econ Verlag, Düsseldorf 1993.

Kaminski, Andre: *Nächstes Jahr in Jerusalem*, Insel Verlag, Frankfurt/Main 1990.

Kirchholtes, Dieter: *Jüdische Privatbanken in Frankfurt am Main*, Verlag Waldemar Kramer, Frankfurt/Main 1969.

Kishon, Ephraim: *Drehn Sie sich um, Frau Lot – Satiren aus Israel*, Ullstein Verlag, Berlin 1985.

Kishon, Ephraim: *Nichts zu lachen – Erinnerungen*, Langen Müller Verlag, München 1993.

Klingaman, William: *Der Crash – Chronik und Psychogramm einer Epoche, die im Börsenkrach von 1929 zusammenbrach*, Scherz Verlag, München 1990.

Koebl, Herlinde: *Jüdische Portraits*, S. Fischer Verlag, Frankfurt/Main 1989.

Korte, Helmut / Faulstich, Werner: *Action und Erzählkunst – Die Filme von Steven Spielberg*, Fischer TB Verlag, Frankfurt/Main 1987.

Kostolany, André: *Das ist die Börse – Bekenntnisse eines Spekulanten*, Henry Goverts Verlag, Stuttgart 1961.

Kostolany, André: *Die Kunst über Geld nachzudenken*, Econ Verlag, Düsseldorf 2000.

Kostolany, André: *Geld, das grosse Abenteuer – Aufzeichnungen eines Börsianers*, Verlag Kurt Desch, München 1970.

Kostolany, André: *Kostolanys beste Geldgeschichten – Profitable Ideen für Geldanleger und Spekulanten*, Econ Verlag, Düsseldorf 1991.

Kostolany, André: *Kostolanys Bilanz der Zukunft – Gestern, heute, morgen*, Econ Verlag, Düsseldorf 1995.

Kostolany, André: *Kostolanys Börsenpsychologie – Vorlesungen am Kaffeehaustisch*, Econ Verlag, Düsseldorf 1991.

Kostolany, André: *Kostolanys Börsenseminar – Für Kapitalanleger und Spekulanten*, Econ Verlag, Düsseldorf 1986.

Kostolany, André: *Kostolanys Notizbuch*, Seewald Verlag, Stuttgart 1983.

Kostolany, André: *Kostolanys Wunderland von Geld und Börse*, BusseSeewald, Herford 1982.

Kostolany, André: *und was macht der Dollar – Im Irrgarten der Währungsspekulationen*, Econ Verlag, Düsseldorf 1987.

Kostolany, André: *Weisheit eines Spekulanten*, Econ Verlag, Düsseldorf 1996.

Kostolany, Françoise: *Le diamant dans tout son éclat*, Editions Hachette, Paris 1992.

Kuby, Alfred Hans: *Juden in der Provinz – Beiträge zur Geschichte der Juden in der Pfalz zwischen Emanzipation und Vernichtung*, Verlag Neue Post, Neustadt/Weinstraße 1988.

Kugelmann, Cilly / Backhaus, Fritz: *Jüdische Figuren in Film und Karikatur – Die Rothschilds und Joseph Süss Oppenheimer*, Jan Thorbecke Verlag, Ostfildern 1995.

Ladwig-Winters, Simone: *Wertheim – Die Geschichte eines Warenhauses*, be.bra verlag, Berlin – Brandenburg 1997.

Landmann, Salcia: *Jüdische Witze*, Herbig Verlag, München 1976.

Landmann, Salcia: *Der jüdische Witz*, Walter Verlag, Düsseldorf 1964.

Leibowitz, Jeshajahu / Shashar, Michael: *Gespräche über Gott und die Welt*, Dvorah Verlag, Frankfurt/Main 1990.

Lenz, Rudolf: *Karstadt – Ein deutscher Warenhauskonzern 1920 – 1950*, DVA, Stuttgart 1950.

Ley, Michael: *Kleine Geschichte des Antisemitismus*, Utb, Stuttgart 2003.

Lewinsohn, Richard: *Sinn und Unsinn der Börse*, S. Fischer Verlag, Berlin 1933.

Lindlau, Dagobert: *Der Lohnkiller – Eine Figur aus dem Organisierten Verbrechen*, Droemer Knaur, München 1994.

Loewy, Hanno: *Gerüchte über die Juden – Antisemitismus, Philosemitismus und aktuelle Verschwörungstheorien*, Klartext Verlag, Essen 2005.

Martin, Justin: *Alan Greenspan – Der Hohepriester des Geldes*, DVA, Stuttgart München 2001.

Martin, Peter N.: *Die großen Spekulationen der Geschichte – Der Kampf ums schnelle Geld*, Universitas Verlag, München 1982.

Mayer, Anton: *Finanzkatastrophen und Spekulanten*, William Goldmann Verlag, Leipzig, 1938.

Menuhin, Yehudi: *Unvollendete Reise – Lebenserinnerungen*, DTV, München 1979.

Molcho, Samy: *Magie der Stille – Mein Leben als Pantomime*, Mosaik Verlag, München 1988.

Obst, Georg: *Geld-, Bank- und Börsenwesen*, Poeschel Verlag, Leipzig 1908.

Ogger, Günter: *Kauf dir einen Kaiser – Die Geschichte der Fugger*, Droemer Knaur, München 1978.

Pabst, Reinhard: *Kafka in Prag*, Insel Verlag, Frankfurt/Main 2002.

Pasdermadjian, H.: *Das Warenhaus – Entstehung, Entwicklung und wirtschaftliche Struktur*, Westdeutscher Verlag, Köln 1954.

von Sternburg, Wilhelm: *Als wäre alles das letzte Mal – Erich Maria Remarque, Eine Biographie*, Kiwi, Köln 2000.

Rachel, Salamander: *Die jüdische Welt von Gestern – 1860 bis 1938*, DTV, München 1998.

Reich-Ranicki, Marcel: *Mein Leben*, DVA, München 2000.

Rengstorf, Karl Heinrich/Kortzfleisch, Siegfried von: *Kirche und Synagoge*, Klett Verlag, Stuttgart 1968.

Richter, Eva / Richter, Ilja: *Der deutsche Jude*, Droemer Weltbild Verlag, München 1989.

Roderich-Stoltheim, F.: *Die Juden im Handel und das Geheimnis ihres Erfolges*, Verlag Peter Hobbing, Steglitz 1913.

Rohdenburg, Günther: *Das war das neue Leben – Leben und Wirken des jüdischen Kaufhausbesitzers Julius Bamberger und seiner Familie*, Edition Temmen, Bremen 2000.

Rohrbacher, Stefan / Schmidt, Michael: *Judenbilder – Kulturgeschichte antijüdischer Mythen und antisemitischer Vorurteile*, Hamburg 1991.

Rosenthal, Hans: *Zwei Leben in Deutschland – Autobiographie*, Bastei Lübbe Verlag, Bergisch Gladbach 1987.

Roth, Joseph: *Juden auf Wanderschaft*, Kiwi, Köln 1976.

Ruhl, Klaus-Jörg: *Brauner Alltag – 1933 bis 1939 in Deutschland*, Gondrom Verlag, Düsseldorf 1990.

Sammons, Jeffrey C.: *Die Protokolle der Weisen von Zion – Die Grundlage des modernen Antisemitismus – Eine Fälschung*, Wallstein Verlag, Göttingen 1998.

Samuel, Ludwig: *Die Effektenspekulation im 17. und 18. Jahrhundert*, Spaeth und Linde Verlag, Berlin 1924.

Schindler, Angelika: *Der verbrannte Traum – Jüdische Bürger und Gäste in Baden-Baden*, Elster Verlag, Bühl 1992.

Schliepmann, H.: *Geschäfts- und Warenhäuser – Die weitere Entwicklung der Kaufhäuser*, Göschen Verlag, Berlin und Leipzig 1913.

Schmitt, Heinz: *Juden in Karlsruhe – Beiträge zu ihrer Geschichte bis zur nationalsozialistischne Machtergreifung*, Verlag Regionalkultur, Karlsruhe 2002.

Schmölders, Claudia: *Das Vorurteil im Leibe – Eine Einführung in die Physiognomik*, Akademie Verlag, Berlin 1995.

Schoeps, Julius H. / Schlör, Joachim: *Antisemitismus – Vorurteile und Mythen*, Piper Verlag, München 1995.

Silbermann, Alfons: *Verwandlungen – Eine Autobiographie*, Bastei Lübbe Verlag, Bergisch Gladbach 1999.

Simmel, Georg: *Philosophie des Geldes*, Verlag Duncker & Humblot, Berlin 1987.

Sombart, Werner: *Der moderne Kapitalismus – Das Wirtschaftsleben im Zeitalter des Hochkapitalismus* (Band III), Verlag Dunker & Humblot, Leipzig 1926/27.

Sombart, Werner: *Die Juden und das Wirtschaftsleben*, Verlag Dunker & Humblot, Leipzig 1911.

Spiegel, Paul: *Was ist koscher? – Jüdischer Glaube – Jüdisches Leben*, Ullstein TB Verlag, Berlin 2005.

Steffens, Daniel: *Kapital und Börse – Von Babylon bis Wallstreet – Ein Gang durch die finanzielle Weltgeschichte*, Klotz Verlag, Gotha 1926.

Stillich, Oskar: *Die Börse und ihre Geschäfte*, Karl Curtius Verlag, Berlin 1909.

Strohmeyer, Klaus: *Warenhäuser – Geschichte, Blüte und Untergang im Warenmeer*, Verlag Klaus Wagenbach, Berlin 1980.

Thorwald, Jürgen: *Das Gewürz – Die Saga der Juden in Amerika*, Droemer Knaur, München 1978.

Tietz, Hermann: *Geschichte einer Familie und ihrer Warenhäuser*, Deutsche Verlagsanstalt, Stuttgart 1965.

Troller, Georg Stefan: *Selbstbeschreibung*, Rach & Roehring Verlag, Hamburg 1988.

Vallance, Asylmer: *Glücksritter und Spekulanten – Die größten Finanzskandale der Welt*, Seewald Verlag, Stuttgart 1955.

De la Vega, Don Joseph: *Die Verwirrung der Verwirrungen*, deutsch von Otto Pringsheim, H. Fleischmann Verlag, Breslau 1919.

Warshow, Robert Irving: *Von Drew bis Morgan – Die Geschichte der Wallstreet-Milliardäre*, Transmare Verlag, Berlin 1931.

Weimer, Wolfgang: *Geschichte des Geldes*, Insel Verlag, Frankfurt/Main 1992.

Weininger, Otto: *Geschlecht und Charakter – Eine prinzipielle Untersuchung*, Matthes und Seitz Verlag, Berlin 1980.

Wesel, Uwe: *Fast alles, was Recht ist – Jura für Nichtjuristen*, Eichborn Verlag, Frankfurt/Main 1996.

Wiener, Alfred: *Das Warenhaus – Kauf-, Geschäfts-, Bürohaus*, Wasmuth Verlag, Berlin 1912.

Wiesemann, Falk: *Antijüdischer Nippes und populäre „Judenbilder" – Die Sammlung Finkelstein*, Jüdisches Museum Hohenems und Klartext Verlag, Essen 2005.

Wiesenthal, Simon: *Jeder Tag ein Gedenktag – Chronik jüdisches Leidens*, Bleicher Verlag, Gerlingen 1989.

Wiesenthal, Simon: *Recht, nicht Rache – Erinnerungen*, Ullstein, Berlin 1992.

Yule, Andrew: *Steven Spielberg – Die Eroberung Hollywoods*, Lichtenberg Verlag, München 1997.

Zeiten und Menschen: *Die Zeit der abendländischen Christenheit, bis 900 n. Chr.* (Band 1), Schöningh-Schroedel, Paderborn 1965.

Zeiten und Menschen: *Die Zeit der abendländischen Christenheit, 900–1648* (Band 2), Schöningh-Schroedel, Paderborn 1966.

Zeiten und Menschen: *Das Werden der modernen Welt, 1648–1918* (Band 3), Schöningh-Schroedel, Paderborn 1977.

Zeiten und Menschen: *1917 bis zur Gegenwart* (Band 4), Verlag Schöningh-Schroedel, Paderborn 1978.

Beiträge in Büchern, Zeitschriften und Zeitungen

Bakos, Eva: *Das jüdische Wien*, in: Richtig reisen – Wien (S. 76–83), Dumont Verlag, Köln 1988.

Brändle, S.: *Mord an Juden entsetzt Franzosen*, in: Frankfurter Rundschau vom 22.02.2006 (S. 7).

Die Juden in der Wirtschaft, in: Capital Heft 11/1966 (S. 69–74).

Dische, Irene: *Die reichen Juden in Deutschland*, in: Die intimen Geständnisse des Oliver Weinstock (S. 19–56), Rowohlt Verlag, Berlin 1994.

Glagau, Otto: *Der Börsen- und Gründungsschwindel in Berlin*, in: Die Gartenlaube, Leipzig 1875.

Homburg, Heidrun: *Warenhausunternehmen und ihre Gründer in Frankreich und Deutschland oder: eine diskrete Elite und mancherlei Mythen*, in: Jahrbuch für Wirtschaftsgeschichte 1992 (S. 183 – 219).

Kostolany, André: *Rothschilds Jammer*, in: Capital Heft 1/1982 (S. 60).

Kostolany, André: *French Dressing, über Ölboykott*, in: Capital Heft 12/1973 (S. 277).

Lehnert, Gertrud: *Nachwort*, in: Emile Zola – Das Paradies der Damen (S. 5583 – 571), edition ebersbach, Berlin 2002.

Listewnik Dr., Petra und Lorz Dr., Andrea: *Jüdische Unternehmer in Leipzig (Teil 1) Die Warenhäuser*, in: Leipziger Wirtschaft 5/1995 (S. 443 – 46), IHK Leipzig.

Lorz Dr., Andrea: *Jüdische Unternehmer in Leipzig (Teil 2) Warenhaus der Gebrüder Held*, in: Leipziger Wirtschaft 9/1995 (S. 423 – 44), IHK Leipzig.

Lorz Dr., Andrea: *Jüdische Unternehmer in Leipzig (Teil 3) Kaufhaus M. Joske & Co., Plagwitz*, in: Leipziger Wirtschaft 11/1995 (S. 583 – 59), IHK Leipzig.

Lorz Dr., Andrea: *Jüdische Kaufleute in Leipzig – Das Kaufhaus Brühl von der Gründung bis zu seiner Enteignung 1946*, in: Leipziger Wirtschaft 12/1996 (S. 303 – 31), IHK Leipzig.

Mejias, Jordan: *Der politische Elefant: Wut und Schweigen um die „Israel Lobby"*, in: Frankfurter Allgemeine Zeitung vom 09.04.2006 (S. 39).

Pritzkoleit, Kurt: *Vom Kaufladen zum Kaufhaus*, in: Wem gehört Deutschland – Eine Chronik von Besitz und Macht (S. 5953 – 608), Kurt Desch Verlag, München 1957.

Schober, Rita: *Nachwort, Das Geld – Geschichtliche Fakten und erfundene Geschichte – Zur Dialektik von Wirklichkeitsvorbild und künstlerischem Abbild*, in: Emile Zola – Das Geld (S. 5923 – 622), Winkler Verlag, München 1977.

Danksagung

Mein Dank gilt folgenden Personen:

André Kostolany, der mir mit menschlicher Wärme viel Wissen vermittelt hat, Raphael Mankau und Otto Baronky für deren Weitsicht, Heinz Schneier, Dr. Robert Guttmann und meiner Lektorin Katharina Floßmann für ihre Unterstützung und Geduld.

mankau

Bücher, die den Horizont erweitern

Mutige Stellungnahmen aus Gesellschaft, Wirtschaft und Ökologie, wertorientierte Aussagen sowie Bücher für gesunde Lebensführung stehen im Mittelpunkt unseres Programms.

Curt Fredriksson

Die Ermächtigung

Expedition zum Glück

978-3-938396-05-6

Können Sie sich vorstellen, dass eine belanglose Grußformel den Weg weist zu den größten Geheimnissen Ihres Lebens?
Dass der Weg zu Ihrem Glück ein faszinierendes Abenteuer ist?
Dass das Erlernen der Regeln, nach denen unser Schicksal sich formt, äußerst unterhaltsam und spannend sein kann? –
Lassen Sie sich überraschen von dieser ungewöhnlichen und wundersamen Geschichte.

Jaspar von Oertzen

Wodurch sind wir in die ökologische Bedrohung gekommen?

Genügen unsere alten Werte nicht mehr?

978-3-9809565-1-2

„Von Oertzens Botschaft ist die Vision eines neuen Reichtums für alle. Nicht Verzicht und Askese, sondern Genügsamkeit ist sein Proramm."
(Dr. Franz Alt, Bestseller-Autor)

Angelika Gräfin Wolffskeel
von Reichenberg
Die 12 Salze des Lebens
*Biochemie nach Dr. Schüßler -
Ein Ratgeber für Erwachsene und Kinder*

978-3-9809565-3-6

Bestrezensierter und mehrfach aufgelegter
Schüßlersalze-Ratgeber.
Mit umfangreichem Krankheitsregister!

„In diesem Buch werden die Zusammenhänge
sehr klar und verständlich aufgezeigt."
(Ruth Maria Kubitschek, Schauspielerin)

Angelika Gräfin Wolffskeel
Deine Nahrung sei dein Heilmittel
Ernährung im Biorhythmus

Ratgeber Gesundheit

978-3-938396-03-2

Fundiert, verständlich und praxisorientiert:
Der Ernährungsratgeber vermittelt eine ganzheitliche Sichtweise von der Zeugung bis zum Tod –
mit Organuhr, Kur, praktischen Ernährungstipps...

Petra Neumayer / Roswitha Stark
Medizin zum Aufmalen
*Heilen durch Informationsübertragung
und Neue Homöopathie*

Praxiserfahrungen mit den Körbler'schen Zeichen

978-3-938396-04-9

Seit jeher nutzten indianische Völker Zeichen und
Symbole, um Kraft und Mut zu stärken. Auch auf
dem berühmten Eismenschen „Ötzi" fand man
auftätowierte Striche an verletzten Körperteilen...

www.mankau-verlag.de

**Unser E-Rundbrief informiert Sie aktuell über Neuerscheinungen und
Subskriptionsrabatte. Jetzt kostenlos im Internet abonnieren!**